大活字本シリーズ

日曜日の歴史学

山本博文

《下》

埼玉福祉会

日曜日の歴史学　下

装幀　巖谷純介

日曜日の歴史学／下巻❖目次

第六講　江戸城大奥という役所

1　大奥の制度と大奥女中

❖大奥は幕府の役所だった

誤解されることが多いのですが、大奥は、将軍と御台所（御台様）の私的生活を支える役所です。決して将軍のハーレムというわけではありません。

大奥の主人は、将軍の正室である御台所で、御台所の代理として大奥の人事や事務を管轄するのが大奥の御年寄（「老女」とも言います）

です。男子役人では、役高五〇〇〇石の旗本である留守居が大奥担当の責任者で、その配下に警備責任者として御広敷番の頭がおり、添番を支配していました。伊賀者（伊賀出身の下級幕臣）も大奥の警備にあたっています。

厳密な意味で大奥女中と言えるのは、幕府から直接給与をもらう女中（これを直奉公という）だけです。直奉公の女中たちは、将軍付き、御台様付き、御部屋様付きなどに分れています。

最高権力者である御年寄は、将軍付きが数人おり、筆頭の者を御用掛と言います。大奥の諸役所から来るすべての伺いの決裁、到来する手紙の披露、寺社への代参などを行います。

御年寄の上に上臈御年寄という女中がいますが、これは京都から来た公家の娘で、御台所の話相手を務める者で、権力は持ちません。

御年寄に次ぐ幹部女中は、御客会釈と御錠口です。中年寄は、将軍付きにはない役職で、特に毎日の献立の指示や御膳の管理をする役です。

将軍付きの御中臈は、将軍の側室候補で、御台様付きは御台様の身の回りの世話をします。将軍が御台様付きの御中臈を気に入った場合は、将軍付きに配属を替えます。これらの役職は、一生奉公です。

大奥の主たる業務を分担して担当するのは、御表使、御祐筆、御切手書、呉服間、御伽坊主などの役職です。このうち御表使は、大奥の買物、御広敷役人との応接、諸家の奥との交際などを担当する花形的役職でした。

御次、御広座敷、御三之間は、それぞれ担当の職務のほか、式日や臨時鳴物（折りに触れて行われる歌舞音曲の催し）などの時、踊りや琴を奏でて将軍や御台様の楽しみを提供します。ここで将軍の目にとまれば、御中臈に昇進しました。

御三之間は御目見え以下とされていましたが、やがて御目見え以上に昇進します。これらの大奥女中は、原則として旗本の娘です。

御目見え以下の御仲居、御火の番、御使番、御末は、御家人の娘や江戸城の雑業に従事する黒鍬者の娘ですが、伝手があれば町人や農民の娘も採用されました。御仲居は、料理の調進、御火の番は宿舎である長局の火の元の管理、御使番はお代参のお伴や手紙や進物の受け渡し、御末は膳所用の水汲みなどを担当しました。

❖大奥女中の人数

人数は、一三代将軍家定の時を例とすると、将軍付きが一六〇名ほど、御台様の篤姫（あつひめ）付きが六〇名ほど、将軍生母本寿院付きが四〇名ほどです。

一一代将軍家斉（いえなり）の時だと、家斉の子を産んだ多くの女中が御部屋様となってそれぞれに担当の女中が付き、若君や姫君付きの女中もいたので、少なくとも数百人の直奉公の女中がいたと推測されます。

しかし、大奥に住む女性たちの人数は、これだけではありません。直奉公の女中は、それぞれに自分が使う女中を抱えていました。大奥女中は、長局と呼ばれる宿舎で暮らし、朝になると御台様のいる御殿に出勤しますが、その長局の彼女らの部屋には、「部屋方」（「又者(またもの)」とも言う）という自分付きの女中がいたのです。

御年寄の場合、部屋方は一〇人以上います。内訳は、つぼね（局）一人、合之間(あいのま)六人、仲居三人、たもん四人です。

つぼねは女中頭で、大奥にはつぼねにいじめられた女中が自殺した話が残っています。合之間は「側(そば)」とも言い、御年寄の身の回りの世話をします。仲居は炊事や配膳をし、たもんは水汲みや草履取りをします。このほか、女中見習いの「小僧」もいました。

仲居やたもんは町人や農民の娘で、「世話子」といいます。御年寄は、「部屋子」として親類や知人の娘を預かることがあります。部屋では「お嬢様」と呼ばれ、大奥の仕来(しきた)りを習い、御年寄の推薦で直の奉公にあがりました。

御中﨟の場合は、つぼね一人、合之間二人、小僧一人、たもん二人を使い、御三之間でも、つぼね、合之間、たもんの各一人を揃えました。水汲みなどを行う最下層の御末でさえ、草履取りのたもんを使ったといいます。これは、長局から御殿に続く長い廊下が汚れており、長廊下用の草履を持たせるためでした。

大奥に直奉公の者が三〇〇人ほどしかいなくても、部屋方を入れれば一〇〇〇人以上の女性が大奥で暮らしていたのです。家斉の頃には、三〇〇〇人前後の女性が大奥に勤めていたはずです。

❖出世は役人系とお側系の二コース

大奥女中は、誰もが将軍の寵愛（ちょうあい）を競っていたように思われていますが、それは誤解です。彼女たちの出世には、二つのコースがありました。御三之間から、御広座敷、御次を経て中﨟になるお側系の出世コースは、歌舞音曲で将軍を楽しませ、将軍の寵愛を受けることを競います。

御中﨟になって将軍の手がつき、子供を産めば独立した部屋を与えられ、「御部屋様」となります。こうなると、御年寄上座あるいは姫君様末座に位置づけられ、将軍の家族扱いとなります。子供が次期将軍に決まれば、「御内証之御方（おないしょうのおんかた）」として重んじられ、将軍になれば、将軍生母として尊重されます。

しかし、大奥に勤める女性たちが、すべてお側系の出世を望んでいたわけではありません。むしろ、大奥で与えられる職務を地道に務め、昇進していくほうが現実的でした。

この役人系の出世コースは、御三之間から御祐筆、御祐筆頭、御表使というのが一番望まれたものでした。

御表使は、自分の名前で諸大名家と奥との交渉をするなど晴れがましい役で、給与のほか手当として町屋敷も与えられます。また、さほどコネがなくても実力で昇進できる役職でしたから、一般の大奥女中にとって御表使が最高の出世だったといえます。

御表使となると、姫君が大名家へ嫁ぐ時、大名家の御年寄として出向することもありました。この場合、給与は幕府から支給され、身分は大奥女中のままです。彼女たちは気位が高く、主君である大名さえ

「加賀守(かがのかみ)」などと呼び捨てにしたといいます。

御三之間から呉服間へ進み、呉服間頭というコースもあります。これは専門職として、一生裁縫に従事しますが、稀(まれ)には呉服間から御次に行く者もありました。

管理職コースは、御錠口助から御錠口、御客会釈を経て御年寄に進むものです。御祐筆頭、御表使、御錠口以上の管理職は、小山、岡野などの苗字(みょうじ)で呼ばれました。

大奥女中の出世は、「一引き、二運、三器量」といわれていました。上の者の引きや運がなければ、器量が良くてもそれを生かせなかったのです。

御年寄にまで昇る女中は、親や兄弟が小姓や御小納戸(おこなんど)頭取といった将軍側近の役を務める場合が多く、やはり家柄がものをいいました。大奥に入る時も、まずは力のある御年寄の部屋子となり、その推薦で大奥の直奉公となります。その意味では、最初から出世が約束されていたともいえますが、頼りにする御年寄が失脚すると、思惑通りにはいかなくなります。

❖大奥女中の給与と年金

大奥トップの御年寄の給与は、切米（きりまい）五〇石、合力金六〇両ないし八〇両です。

切米は基本給で、五〇石の米は金五〇両に相当します。金一両は現代の貨幣価値にして二〇万円程度ですから、基本給だけで一〇〇〇万円の年収がありました。

合力金は衣装手当で、六〇両だとしても一二〇〇万円。これは、幕府が諸大名家から贈られていた大奥女中への進物を廃止した際、春日局（かすがのつぼね）が女中たちは衣装代がかかるので手当をいただきたいと願い、実現したものだといわれています。

このほか自分が雇う女中の食事手当が十人扶持（ぶち）付きます。一人扶持が一日につき米五合、ほかに一カ月に炭一五俵、薪（たきぎ）二〇束、明かり用の油なども支給されます。御用聞きの下男であるゴリイ（五菜）を雇う手当である五菜銀も支給されました。さらに盆暮れには、御台様の使った衣装の下げ渡しもありました。

さらに、御年寄は手当として町屋敷を拝領し、その家賃収入を得ることができ、諸大名家からもいろいろと進物があるので、年収は軽く三〇〇〇万円を超したと思われます。

御中臈だと、切米が一二石、合力金が四〇両です。先程の換算率だと、年収一〇四〇万円です。御中臈の場合は、この他毎年、将軍と御台様からそれぞれ黄金三枚（二一両相当）が下賜（かし）されたので、八四〇万円のボーナスがあったことになります。さらに炭・灯油代などの諸手当もあります。

一般の大奥女中は、これほどの収入はありません。呉服間だと、切米八石、合力金二〇両です。この五六〇万円に三人扶持と炭・灯油代などの手当、五菜銀などを合わせて年収七〇〇万円ほどになります。

御表使だと、切米一二石、合力金三〇両です。これに諸手当を加えれば年収一〇〇〇万円になります。そして、御表使は年寄と同じく町屋敷の拝領があり、諸大名家からの進物もありましたから、年収は一五〇〇万円ぐらいになったでしょう。

このように、大奥女中は、中堅クラスで年収七〇〇万円から八〇〇万円、上級管理職となると年収二〇〇〇万円を超したのです。

さらに引退後は、年金が支給されました。延享（えんきょう）元年（一七四四）九月の規定では、三〇年以上勤続の女中には、切米か合力金のどちらか多いほうを一生与えるとされています。

呉服間を長く勤め、呉服間頭で引退した者だと、合力金が三〇両ですから、毎年六〇〇万円の年金を受け取ることになります。大奥女中となれば一生の暮らしが保証されたのです。引退後は実家に帰るか、

大奥女中の役職と給与

役職	禄高	合力金	職務
上臈御年寄	100石15人扶持	100両	御台所の話相手
御年寄	50石10人扶持	60両	大奥の最高責任者
小上臈	40石５人扶持	40両	上臈御年寄の見習い
中年寄	30石７人扶持	50両	御台所付きの年寄
御客会釈	25石５人扶持	40両	女性使者の接待役
御錠口	20石５人扶持	30両	御錠口の管理責任者
御中臈	12石４人扶持	40両	将軍や御台所の世話
御表使	12石３人扶持	30両	大奥の渉外掛り
御錠口助	８石３人扶持	30両	御錠口の管理
呉服間頭	８石３人扶持	30両	呉服間の責任者
御次	８石３人扶持	25両	道具や献上品の担当
御祐筆	８石３人扶持	25両	日記・書状の執筆
御切手書	８石２人扶持	20両	大奥への出入りの改め役
呉服間	８石３人扶持	20両	将軍や御台所の衣服を調製
御伽坊主	７石３人扶持	20両	将軍付きの雑用掛り
御広座敷	５石２人扶持	15両	御表使の補助
御三之間	５石２人扶持	15両	大奥各部屋の雑用掛り
御仲居	５石２人扶持	7両	御膳所の献立・調理を担当
御火の番	４石１人扶持	5両	長局の火元の管理
御使番	４石１人扶持	5両	御表使の下役
御末	４石１人扶持	2両	水汲み・掃除などの雑用掛り

三田村鳶魚「母の御本丸の話」『三田村鳶魚全集』第三巻などによる

桜田御用屋敷などで暮らしました。

❖幕府財政を圧迫する大奥の経費

大奥経費は江戸時代中期で約二〇万両（四〇〇億円）ほどと言われ、幕府の貨幣収入の四分の一近くになります。内訳は明らかではありませんが、大奥女中への給与や諸手当のほか、御台様らへの合力金がほとんどを占めたと思われます。

御台様のお小遣いである合力金は、一年に金六〇〇〇両と銀一〇〇貫目（金にして一六六両ほど）でした。文政年間（一八一八〜三〇）には、これでは足りないということで、年々五〇〇〇両の御足金も渡されました。

御部屋様がいれば合力金三〇〇〇両、西の丸に御簾中様（将軍世子の正室）がいれば、五〇〇〇両の合力金を支給しました。このほか、日々の食費や大奥の建物の修理などの経費も必要で、幕府財政を圧迫するほどの負担となっていたのです。

政治を担当する老中は、改革のたびに大奥経費の削減を試みました。水野忠邦は、大奥で権力を握っていた上臈年寄姉小路と談判しますが、男への愛をあきらめて一生奉公する大奥女中が衣装などに贅沢するのは当然のこと、などと拒否されました。老中も、大奥を敵に回すと面倒なので、認めざるを得なかったのです。

❖大奥を守るために存在した「掟」

大奥の規則である「大奥法度」は、元和四年（一六一八）に初めて出され、以後、次第に詳細になっていきました。

二代将軍秀忠が制定した元和の法度は、不審者や男の出入りを禁ずるものでした。大奥の成立期には、男子役人が大奥に入ることも珍しくなく、知り合いの女などを大奥に住まわせることもあったようです。

寛文十年（一六七〇）、四代将軍家綱が制定した法度では、大奥の作法は他人は言うまでもなく、親族であっても一切他言することを禁止し、縁のある者から頼まれて将軍に願い事をすることも禁止しています。この時代にはすでに、大奥で見聞したことは一切外に漏らさないように厳命されていたのです。

享保六年（一七二一）、八代将軍吉宗が制定した大奥法度では、手紙をやり取りしたり大奥に呼び寄せてもいい親族の範囲、倹約、長局で深更に及ぶ寄合の禁止などを定めています。

また、人の陰口を言ったり、人の秘密をかぎ回るようなことはするな、好色がましいことは厳禁、宿下がりの時も物見遊山（ものみゆさん）などに行ってはならない、などと命じています。

大奥について世間がもっとも興味を持ったのは、将軍の夜の生活でしょう。

将軍が奥泊まりし、御中臈と寝る時は、他の御中臈と御伽坊主が同じ部屋に添い寝し、隣の部屋では御年寄と御中臈が寝ずに監視していました。これは、将軍寵愛の御中臈が、ねだり事などをしないためだったといいます。

大奥内部のことは極秘事項とされましたが、一二代将軍家慶が、上﨟年寄姉小路と性的関係があったという噂は江戸中に広まり、ある幕臣は、「姉小路とどうとかいうことを江戸では乞食までが噂していて困ったことです」と嘆いています。真相は不明ですが、庶民も大奥内部のことは興味津々だったのです。

2　大奥女中のいじめ――組織のしがらみさまざま

❖お局さまとはどういう存在か

会社の古参女子社員を、陰で「お局さま」となかば揶揄して呼ぶことがありました。それは、NHK大河ドラマで、江戸幕府三代将軍家光の乳母であるお福を描いた「春日局」が放映された（一九八九年）頃からのことですから、その影響でしょう。ちなみに春日局は、今は亡き大原麗子さんが好演しました。

「局」は「つぼね」と読み、本来は部屋の意味です。お福の場合、幕府の使いで朝廷に参内し、天皇から「春日局」の称号をもらいました。

春日局は、家光時代の大奥で権勢をふるい、諸大名からも頼まれてたくさんの縁組みをまとめています。当時、家光は正室である鷹司孝子をうとんじ、本丸の大奥にはおかず、中の丸などに遠ざけていましたから、大奥は春日局の天下でした。いわば、女性ばかりの職場の元締め的存在だったのです。

春日局の場合は、天皇も認めた正式な「局」ですが、後の大奥の「ツボネ」は実はそういうものではありません。部屋方女中の女中頭を「ツボネ」と呼んでいたのです。

部屋の中では、ツボネが全権を握りました。部屋方は、幼い頃から奉公に出るので、ツボネは先生のようなもので、行儀作法などを教え込まれました。もしツボネが気に入らない者がいれば、ずいぶんといじめられたようです。

大奥で言い伝えられた怪談に、ツボネのいじめに耐えかねた部屋方が長局の庭にある井戸に身を投げ、そのためその井戸はいつも水が真っ赤であるなどの話があります。水が赤いのは錆(さび)が出たのでしょうが、自殺した者もいたに違いありません。

❖新参女中の通過儀礼

しかし、そういう話は、表には出てこないので、今に伝える史料はありません。むしろ、伝わっているのは、比較的害のないいたずらの類です（永島今四郎・太田贇雄編『定本江戸城大奥』新人物往来社）。

新参の御末（御目見え以下の中でも最下級の大奥女中）などは、かっこうの標的とされました。たとえば、次のようにです。

「御流れ頂戴（ちょうだい）の時、あわてて粗相のないよう、失礼ながら頂戴の仕方をお教え申し上げましょう。御迷惑ながらお前さんもちょっと御手をお貸しあそばせ」

と言って打ち掛けを取り出し、自分は仮の御台様になって上座に座

り、

「はばかりながらお前さん、そこへ膳を出して、それへ小皿を積んで、よしよしそれでよろしゅうござんす。さぁ、御流れ頂戴の始まり始まり」

　と、舞台をこしらえます。ぐるになった女中は、御年寄役、御中﨟役などになります。そして、新参の女中にその前に座るよう命じます。

「さぁ、そこへ御出あそばせ、その辺より出てきて、そうすわり、つんと澄まして、そろそろと御上（将軍）の前へ、それ、そのお膝（ひざ）の摺（す）り方がいけません。そう進んでこう両手をついて、お顔を御眺めなさい。御上のつもりで、……まずそんな具合でよろしい。ヒキガエルが御庭に出たように、お尻を突き出して、もう少しお下げあそばすんですよ。そら、お酌しますぞ。これがそもそも御流れですよ。あれ、何でこぼしなさる。勿体ない。なぜまたその土器を返すのです。それは手に持って、そうそう、その手を畳につけて、進んだ時のように引き下がりなさい。不器用者め」

というぐあいに、教えることにかこつけてさまざまにからかったというのです。

紅白のお餅を拝領する御嘉祥の前には、新参者にその所作を教えるといって、

「さて、頂戴する時は、三方の前に頭をさげ、赤いものいやいやいや、白いものいやいや、胡麻の餅をいただきたい、と三べん繰り返して、

手をお出しあそばして頂くのです。おや、変な声ですこと、そこを張り上げて、全体声が低い、もっと思い切ってお言いあそばせ」

などと間違ったことをやらせます。

いたずらする本人にとっては軽い気持ちのいたずらかもしれませんが、される方の身になってみれば、深刻ないじめと感じられることもあります。いたずらの標的にされる者は、だいたいにおいて弱いいじめられやすい者だったからです。

大奥全体で、新参者をだますこともありました。毎年七月十日は「四万六千日」といって、御火の番の詰所へ伝来の観音様を祀（まつ）り、廊下に商いの店が出ます。この店は、日頃大奥へ出入りする物売りのお婆（ばあ）さんたちが出します。

お婆さんは、呉服の端切れや草双紙、錦絵（にしきえ）などを持って回って売るのですが、ついでに毎年決まって、「今夜五つ時（午後八時頃）に七つ口（大奥女中の通用口）があいて、銘々が宿下がりできる。平川口（大奥に通じる江戸城の門）までみんなを乗せる船が来る」と嘘（うそ）を教えます。

大奥のしきたりをよく知らない者は、本当だと思って、宿下がりの仕度をします。しかし、五つ時になっても当然のことながら七つ口はあきません。

新参の女中たちは、里心が付いているから、「あけてください、あけてください」と大騒ぎします。時には、戸を打ち壊すこともあったといいます。

そこへ、御末たちの取り締まり役である御使番が出てきて、一同を叱ったり、諭したりします。嘘だということがわかって、泣き出す者もいたということです。

こうしたいたずらは、御目見え以下の身分の低い女中たちに対してのものです。また、部屋の中では、ツボネや先輩の部屋方の意に反すれば、指導の形をとったいじめが行われました。

御目見え以上の者たちは、武家の家庭に育ち、厳しくしつけられています。こうしたふざけたいたずらはしないし、身分が重いので、ほかからされることもありません。ただし、大奥女中の出世には、上役の「ひき」があることが絶対でした。上役にかわいがられなければ、いかに家柄や器量がよくても無視されて、出世はできなかったのです。

このため、上役に取り入ることも必要だったでしょう。

❖御年寄同士のせめぎ合い

御年寄でさえ、対抗心から他の年寄にいじわるをすることがありました。

たとえば、派手好きな御年寄があって、自分の誕生日やなにかに、多くの女中を部屋に招いてもてなすと、招かれた者も悪くは思わず、「かの御方のようなキレ手に使われる部屋方は果報者です」といった評判をします。すると、ライバル関係にある御年寄はおもしろくありません。

「あの人は、年寄を一人で支えているような風情(ふぜい)で憎たらしい。ちょっと困らせよう」

と味方の女中と相談し、派手好きな御年寄を招き、和歌だの立花だのを催し、批評を乞い、辞しても強要し、さらに辞すれば、「お気の毒な」と愁傷ぶったといいます。つまり、相手の不得手な分野で困らせ、その困った様を丁寧な態度であざ笑うのです。なかなか高等な戦術です。

大奥の中には、いじめと言うには深刻すぎる戦いもありました。たとえば、七代将軍家継の時代にあった「絵島」事件です。

六代将軍家宣（いえのぶ）の側室で家継の生母月光院付きの御年寄だった絵島は、増上寺代参の帰り、木挽町（こびきちょう）の芝居小屋山村座に立ち寄って芝居見物をし、桟敷に役者を呼んで酒宴に及び、門限に遅れました。後世、芝居役者の生島新五郎と密通を繰り返したようなことが言われますが、単に代参の帰り道での遊興と門限破りでした。

しかし、それが大問題となります。家宣の正室天英院付きの女中たちは、月光院付きの絵島たちが、主人の権威を笠に着て好き勝手に振る舞っているのを好ましく思っていなかったのです。

彼女らが、絵島の門限破りを幕府の役人に訴えたため、絵島は流罪、役者との遊興をお膳立てした絵島の兄白井平右衛門は死罪となり、他にも多くの処罰者を出しました。

大奥では、少しの気の弛みが文字通り命取りになることがあったのです。こういう攻撃的ないじめは、最初から意図したものではなかったかもしれませんが、幕府の厳しい規律の中では、結果的に相手に致命的な打撃を与えたのです。

第七講　江戸時代の大震災

1　宝永の大坂大地震と津波

❖痛ましい東日本大震災

二〇一一年三月十一日に起こった東日本大震災は、マグニチュード九・〇という巨大地震で、激しい揺れとともに、高さ二〇メートルを超える津波が岩手・宮城両県沿岸部の約三〇〇キロにわたって記録されました。警察庁の二〇一五年七月十日付広報資料によれば、死者一万五八九二人、行方不明者二五七四人という甚大な被害が発表されています。

たいへん痛ましい大災害で、言うべき言葉もありません。ただ、政府関係者が、「未曾有（みぞう）の大災害」とよく口にすることは、違和感があります。明治二十九年（一八九六）六月十五日に起こった明治三陸地震津波では、約二万二〇〇〇人が犠牲となっており、今回の地震津波以上の被害者がありました。現在は当時よりも漁港が発達し、人口が増えていることを考えれば、今回以上の大災害だったと言えるでしょう。

また、今から約一一五〇年ほど前の貞観（じょうがん）十一年（八六九）五月、陸奥（むつ）国に地震津波があり、大きな被害があったことも知られています。

東日本の沖で地震が起こる可能性は、地震学者からつとに指摘されれていました。二〇〇九年十一月二十日、尾池和夫氏は、学士会午餐会（ごさんかい）における講演で、「要注意なのは、浅いところに固まって起こる地震です。千葉県沖あるいは宮城県沖にも固まりが見られますが、これらは最近起こった余震でないとすると、巨大地震の前兆である可能性が高いと思います」と述べています（「地震を知って震災に備える」『学士会会報』二〇〇九―Ⅲ、八七六号）。こうしたことがわかっていながら、なぜもっと警戒されなかったのかと思うと、残念です。

尾池氏の警鐘は現代の地震分布の調査からなされたものでしたが、三〇〇年、一〇〇〇年といったスケールで起こる地震は、古地震の研究が不可欠です。以下の文章は、平成七年（一九九五）に起こった阪神・淡路大震災後に書いて、拙者『江戸時代を探検する』（文藝春秋社）に収録したものですが、地震に備えるため今なお意味があると思われるので、東日本大震災の経験を踏まえて一部を改訂し、ここに再収録することにしました。

❖古地震研究によって地震は予想できる

一九九五年一月十七日、兵庫県南部をマグニチュード七・三の巨大な直下型地震が襲いました。後に阪神・淡路大震災と呼ばれることになる大地震でした。震度七の激震が襲った地域には大都市神戸も含まれ、死者は六四三四名にも及びました。

日本政府や自治体は、関西での大地震をほとんど想定していなかったため、兵庫県知事が地震が発生してから三時間も遅れて登庁するなど、災害時の管理体制も信じられないほどずさんで、自衛隊への救援要請も遅れに遅れました。

関西では地震などないと多くの人が思っていたのは事実ですが、地形を見るだけでもそのようなことが言えないことがわかります。

近畿地方は、中部日本とともに日本列島で最も活断層の多い地域です。琵琶湖や周囲の比叡（ひえい）・比良（ひら）の山系という景勝の地も、地震によってできたものですし、六甲山地も六甲断層群の活動によってできたものです。

この六甲断層群や有馬——高槻（たかつき）構造線は、マグニチュード八級の地震を起こしうる規模であることは、何年も前に指摘されていました（萩原尊禮他編著『続 古地震』東京大学出版会、一九八九年）。

歴史上では、文禄五年（一五九六）の大地震が有名で、秀吉が建てた伏見城を崩壊させました。それも、このあたりの活断層が起こしたものでした。この時、謹慎中であった加藤清正が、真先に登城し、秀吉に褒められたという逸話が残っています。

もちろん、活断層があるからといって、すぐに大地震が起きるわけではありません。活断層とは、「数十万年前以降に繰り返し活動し、将来も活動すると考えられる断層」（国土地理院ホームページ）ですが、盛んに噴煙をあげる活火山の「活」と違い、それがいつ活動するかはわかりません。数百年あるいは一〇〇〇年以上のスケールで考えるべきものです。

活断層が動くのが一〇〇〇年単位であるとすれば、それに備えるのはなかなか困難です。しかし、一〇〇〇年前に起こったことがわかっていたとしたら、今、それに備える必要があります。災害はいつ来るかわかりません。

一〇〇〇年より前といえば平安時代以前ですから、あまり史料は残っていません。しかし、歴史史料を手がかりに、周辺の地質を調査すれば、その被害状況がわかります。

文献の上で最古の地震記事は、『日本書紀』允恭(いんぎょう)五年（四一六）七月十四日の地震です。この時期の都は河内にあり、河内国の地震だと考えられます。日本最古の歴史地震が関西であるというのは、関西以外に史料がほとんど残っていないという特殊性によります。

これ以後、中世末期の頃までは、貴族の日記や文書がある程度残されている畿内は別として、全国的に見れば史料も少なく断片的で、その実態を明らかにすることは困難な作業です。

しかし、江戸時代になると全国的にまんべんなく史料が残るようになり、特に一七世紀中頃からは質量ともに飛躍的に増加します。現代から数えて三百数十年ほど前ですから、六九年周期はもちろん、一〇〇年単位の周期で起こる地震についてもある程度の調査が可能になります。

地震について古い文献を調査する歴史地震学は、地震予知において、活断層を調査する地質学などとともにすでに多くの貢献を果たしてきています。

その研究成果は、たとえば東京大学出版会から刊行された『古地震』（一九八二年刊）や『続 古地震』などにまとめられています。

一方、宇佐美龍夫元東京大学地震研究所教授らのグループで行われた『新収日本地震史料』の編纂（へんさん）は、歴史地震調査の最も大きな成果です。

筆者は、神戸の地震が起こったあと、『新収日本地震史料』を開いて、江戸時代の関西方面の地震を調べてみました。すると、当時の神戸が都市部ではなかったこともあって大きな被害を出した地震はありませんでしたが、宝永四年（一七〇七）十月四日におこった大坂の大地震は、都市大坂に甚大な被害を与えていて、豊富な関係記事がありました。

近畿地方では、直下型地震だけ見ても、慶長元年の京坂奈、寛文二年（一六六二）の若狭・京都、文政二年（一八一九）の彦根・京都、天保元年（一八三〇）の京都、同四年の美濃・近江、嘉永七年（一八五四）の伊賀上野と大きな地震が起こっています（宇佐美龍夫「震災対策、古文書が虎の巻」『日本経済新聞』一九九五年二月八日朝刊）。

それほど地震があるとは思われていないというのは、せいぜい近代になってからの百数十年ほどの経験での先入観にすぎなかったわけです。東海大地震があれほど警戒されるのも、首都に近いという事情のほかに、関東大震災が記憶に新しいということなのでしょう。私たちは、参照すべき過去のスケールを拡大しなくてはいけません。

まず、宝永四年十月四日の大坂を再現してみましょう。

❖被害は阪神・淡路大震災以上

宝永四年の大地震は、『理科年表』（東京天文台編）によるとマグニチュード八・四と推定される巨大地震で、震源は遠州灘沖および紀伊半島沖の二つの地震と考えられています。

被害は東海道、伊勢湾、紀伊半島でもっともひどく、家屋倒壊範囲は東海道から中国、九州地方にまでおよびます。そして一カ月半後には富士山の大噴火が起こり、富士の宝永山ができます。

地震による死者は、五畿七道で四九〇〇人におよぶと推定されていますが、津波での死者を考えるとその数倍の死者がありました。

元禄時代の大坂は、拡大の一途をたどっていました。

人口の動向を見ると、大坂町奉行松平石見守が元禄二年（一六八九）に大坂に入った時、大坂三郷（北組、南組、天満組）の人口は三三万二四四人でした。それが同十二年には三六万四一五四人に増え、宝永六年（一七〇九）には三八万一六二六人となります（『大坂市史』）。

このデータには、大坂城付き、あるいは町奉行所付きの吏員や蔵屋敷の職員は加えておらず、また被差別民も入っていません。

町数も増加を続けており、元禄初年に五五一町であった三郷市街は、堂島新地ができて二〇町を増し、堀江・幸町・富島・古川新地ができて旧町三町を減じ三三町を増して、計六〇一町となりました。宝永年間には、心中で有名な曾根崎に新地三町ができ、家屋総数一万七〇〇〇軒を超えました。

宝永四年十月四日午の大地震では、家屋一七七四軒が倒壊、橋梁（きょうりょう）四五カ所が墜落破損、死者五四一人という被害になりました。これは『大阪市史』によった数で、諸書により一定しません。五四一人という数は、あくまで大坂町奉行所が把握した人数で、たとえば、『宝永度大坂大地震之記』という史料には、次のように書かれています。

地震後、墓所は千日、梅田、吉原、小橋、その他墓々には死者の焼く所もこれ無く、片岸に積み重ねこれ有り候。死者およそ七千人、毎日毎日掘り出し候死人、何程とも数知れず。

〔現代語訳〕地震後、墓所は千日、梅田、吉原、小橋、その他で、墓所には死者を火葬にする場所もなく、片岸に積み重ねていた。

死者はおよそ七千人、毎日毎日倒れた家屋などから掘り出す遺体はおびただしい。

また、それ以外に津波による被害が甚大で、幕府の「御触及口達（おふれおよびこうたつ）」には、地震による死者五三四人のほかに、津波による溺死人（できしにん）およそ一万人余と記されています。後で紹介する『大地震記』という史料によれば、倒壊家屋一万五〇〇〇余、圧死した人三七〇〇人ということです。

正確な数字ではないでしょうが、幕府の公式記録である『徳川実紀』の当日の記事に、倒壊家屋一万六〇〇〇、死者三〇二〇人ほどとあり、まったく根拠がないとも思えません。ともあれ、当時の人口密度などから考えて、阪神・淡路大震災以上の被害をもたらした大地震だったと思われます。

宝永四年十月四日は、天気晴朗で暑く、肌にじっとりと汗がにじむような日でした。

未(ひつじ)の刻（午後二時頃）、突然地が震え、道を歩く人はたちまち倒れ、地面で餌(えさ)を啄(ついば)んでいた小鳥は飛び立つことができず、犬や猫なども一歩も踏み出せなかったといいます（以下の記述は『新収日本地震史料』第三巻所収の『大地震記』による）。

少し文飾もあるでしょうが、『大地震記』には、「親はその子を忘れて走り出て、子はその親を省（顧）みずしてまず逃げ出す」と書かれています。他を思う余裕もないほどの激しい揺れだったようです。

半時ばかりもたち、ようやく揺れも収まってみなふっと我に返りました。すると、家は倒壊し、さっきまで一緒にいたはずの家族もいません。

そこで、「親は子何くにと尋ね、子は我が親の安否如何と伺う、この辻、かの町、四衢発達、声々にその名を召して泣き叫び、おいおいに涙をおさえて尋ね回る数千人のその声、雑り乱れて……」という悲劇的な状況が現出しました。

被害は、やはり家屋の倒壊によるものが多く、家の下敷きになった者、梁などに打たれた者、逃げ出そうとして戸口を出たところで崩れかかり、半身は助かりながらも死んだ者、二階から降りれず梯子とともに圧死した者、と阪神・淡路大震災とおなじような状況でした。

❖寺子屋の被害

この地震でめだったのは、寺子屋に行っていた子供たちの被害でした。

寺子屋は、生徒をたくさん収容できるようにと、多くは二階建てにしていました。そこを大地震が襲いました。

「おお、大地震だ、子供ら、家を出よ！」

と呼びかけても、幼い者たちのこと、二階の降り口に迷ってその間に崩れて死ぬ者もおり、梯子一つを奪いあって折り重なって落ちる者がいて、被害は拡大しました。

また、幸い寺子屋を出た者も、早く親に会おうと自分の家へ急いでいる途中、家が倒れかかってきて死ぬ者も多く、中にはどうにか自分の町まで帰ってきて、迎えに出ていた親が呼び掛けた時、無残にも脇の家が崩れて親の目の前で死ぬという悲劇もありました。

そうじて寺子屋に行くのは、裕福な家の子供でした、一人っ子や長男など、わけても大切にされていた子供が多く、親の愛情も一通りではなかったので、その子を失った親の嘆きは目も当てられぬ様子であったと言います。子供を塾に通わせていて、そこで子供が被害にあえば、親にとっては痛恨の極みです。

長堀に山口某という牢人が住んでいました。もとは西国の大名に仕え二〇〇〇石を禄とした大身の武士でしたが、故あって暇を取り、浪々の身となって一四、五年前からこの地へ来ていました。もともと技芸の多い人で、とくに書に優れていたので、寺子屋を開いて書を教えていました。

その教え方は篤実でしたから、その徳を慕い、諸人はあらそって子供を通わせていました。突然の大地震で、家が踊るように揺れました。仰天した山口は、まず二階の子供を下ろそうと大声を出して呼んだが、二階が崩れ落ち、総勢二四人もの子供が瞬時にして命を落としました。

山口のみが、戸口を出て命を長らえました。

実に我一人甲斐なくも生きつることのうたてさよ、童子等余に懐いて日々通い、かの親達、余が志を見て寄り頼みしに、一人たすくる事もなく、何の面目どこの処にか施すべき。聞くに、それ丈夫は死に時有り。わが死期必ずこの時ならん。一日片時を過ぐすべからず。

〔現代語訳〕私一人だけ生き残ったのは本当に情けないことだ。子供たちが私になついて毎日通ってきて、親たちも私を信頼してくれていたのに、一人の子供も助けられず、どこに私の面目があろう。男には死に時があるという。私の死に時は今をおいてほかにはあるまい。一刻も早く子供たちの後を追おう。

山口は、いさぎよく刃を振るって心の臓を突き自害し果てました。

この行動には異論もあるでしょうが、現在でも子供を預かる学校の先生たちが、むなしく生徒を死なせ自分だけ生き残ったとしたら、同様の衝動を感じるのではないでしょうか。

❖遊女の死

元禄五年（一六九二）の大坂城代の調査によれば、大坂の町方の人口三四万五五二四人のうち女性が一五万七〇七四人です。そのうちの九四一人が傾城（遊女）、四九〇人が禿（かむろ）（遊女見習いの一〇歳前後の少女）でした。

大坂も江戸に劣らず単身男性の多い都市です。江戸は参勤交代で藩主の御供をしてくる武士が多いが、大坂では大店の奉公人が中心です。かれらの相手をしたのがこの一〇〇〇人ほどの遊女でした。奉公人と遊女の悲恋は、近松門左衛門の心中物に描かれて名高いものですが、それだけ遊廓（ゆうかく）に通う者が多かったということです。中でも、堂島藪下という場所がことに繁栄していました。大坂や周辺の農村からここへ遊びにくれば、一夜にして財布が空になるといった所でした。

地震が起こった時、ここの遊廓の主人は、騒動にまぎれて遊女らが逃げるのではないかと恐れ、縄で繋（つな）いで下屋に置き、また二階に追い上げて梯子をはずし、とじこめたりしました。ところが、この町は一軒も残らず家が崩れたので、押し込められていた遊女九〇人が一瞬のうちに命を失ったと言います。

❖陰徳あらば陽報あり

江戸堀南三丁目に、豊後屋六兵衛という者がいました。三、四年前に妻が病死しました。後妻はとりませんでしたが、残された男の子が一人いたので、その養育のためにと妾(めかけ)を雇っていました。この女性はほどなく妊娠し、二年前に女の子を生みました。

六兵衛は「他国通いの商」を業としていたため、毎年秋冬は田舎へ出張します。大地震が起こったのは、その留守中でした。この妾は、ちょうどすわって女の子を抱いて乳を与えていて、継子(ままこ)の男児は門に出て遊んでいました。大声で呼び入れましたが、家がすでに片隅より倒れかかっていました。

この妾は、一瞬の間に、次のように考えたと言います。

我力（わがちから）、この二人を提（たす）くべからず。わが生みし児は死せしとて構（かま）ひあらじ。この子は継子なれば助けざれば道立たず。

〔現代語訳〕自分の力では両方とも連れ出せない、自分の子は死んでもしかたがない、継子の方は助けなくては義理の道がたたない。

妾は、わが子をコロと投げ捨て、継子を助けて家を出ました。その時、家が崩れおちました。我に返った妾は、継子を助けたことは本望といいながら、血肉をわけた子を目の前で殺してしまったことは痛恨の極み、悲哀が胸にせまって前後不覚に泣き崩れました。

隣近所の者や往来を行く人も、事情を聞いて涙を流さない人はいませんでした。人々は話しあって、せめてかの死骸なりとも取り出してやろうと、力をあわせ、泣く泣く崩れた家を引き退けました。すると、どうしたことか、砕けた梁や材木の陰にその女の子が傷もなく遊んでいました（「この女子何の恙もなく、安穏や快楽に居り」）。人々は驚いて抱きかかえて取り出し、かの女性に女の子を渡し、ともに歓喜の涙を流したと言います。

『大地震記』の筆者は、「いわゆる陰徳あらば陽報ありとは、かくのごときの事を言うならん」という感慨を漏らしていますが、史料を読んでいても心が温まる話です。

❖大津波が大坂を襲う

この日未の中刻（午後三時頃）には、地震が静まりました。方々の家が崩れて土煙がしきりに昇り、火事と見間違えて騒ぎあう者も多かったようです。ふと古老が、

「昔からの経験で、地震のあとは必ず出火して大きな被害を与えた。ましてこのように多くの崩れ家があるのだから、どこから火が出ても不思議ではない。衣服や寝具、家財等を船に載せよう。地震の用心には、船に住むのがより安穏だ」

と言い出しました。

これを聞いた者は、みなもっともと思い、廻船の船や通船を調達し、家財や妻子を載せ始めました。

これを見ていた者たちも、「船でなければ助からないだろう」と家々に船を用意し、われ遅れじと乗り込んでいきました。大坂は「水の都」というほどに水路が多い町です。その水路が、多くの船に埋められ、水面が見えないほどになりました。

すると、申（さる）の上刻（午後四時過ぎ）、俄（にわか）に海底が鳴動しました。先の地震に肝を失った人々は、今度は何が起こったのかと驚いて見やったところ、河口の洲の向こう側から高さ二〇丈ほど（六〇メートルほど、これは誇張です）もある大津波が湧（わ）き上がりました。

泥混じりの水であったため、その色は真っ黒に見えたと言います。

　まず難波島の者が「大潮だ、逃げよ！」と叫び、親は子供を呼ぶ暇もなく、子は親を探す暇もなく、片方だけの草履で走る者、衣服が重いと裸で走る者、子をさかさまに背負って夫に背負われて逃げる女、女一人に男三人がついて手を引き腰を押して逃げる者たちなど、皆争って東を指して逃げ出しました。

『大地震記』のこのあたりの記述は文飾が多いのですが、混乱の様子がよく示されています。

　大津波により、難波島に繋いであった諸国の大名の大船が波に乗って木津川や道頓堀へ逆流し、一つ一つ橋を破壊していきました。

　小船に家財を載せ、自らも船にいて安心していた者たちは、逃げる暇もなく皆大船の下に敷かれ、たちまち水屑（みくず）となって消えました。

津波が去ったあと、小船に一〇〇〇石、二〇〇〇石の大船が折り重なって、その周囲には死骸が累々（るいるい）と重なっていたと言います。『大地震記』では、この津波による犠牲者を一万二〇六三人、破壊された船を九五三艘（そう）としています。しかし、行方不明者を考えると、それをはるかに上回っていたでしょう。

大津波は、大船を逆流させ数々の橋を破壊していきましたが、道頓堀にかかる中橋もまた中ほどの板二、三枚を落としていました。渡りかけた者は、大勢足を踏みはずして落ちましたが、中には身軽に跳び越した者もいます。

年の頃三十五ばかりの女性は、二、三歳の女の子を背負い、五、七歳の男の子の手を引いてこの橋まで来て、中ほどの板が落ちていることに気付きしばし躊躇（ちゅうちょ）しました。

跳ばねば橋はまもなく落ちます。しかし子供二人を連れては跳べません。とみる間にままよと思い切り、背中の女の子を川に投げ捨て、残る男の子を横抱きに抱えて跳び、あやまたずこちらへ渡り来るという場面も見られたと言います。

『大地震記』の筆者は、男すらこの災難にうろたえて無益に命を失う者が多いのに、婦人の身としてこのような「頓智機弁（とんちきべん）」をめぐらしたのは勇ましき働きと感嘆しています。その通りですが、一刻をも争う混乱の中でようやくなしえた苦い選択です。騒ぎが収まったあとの心情が思いやられます。

このような状況のもと、人は時に普段では考えられないようなミスも犯します。

津波が来ると聞いて、人々は東の高台の方へ逃げていました。長堀に住んでいたある人の妻女は、たまたま夫が留守でした。途方にくれ、三歳の子を背負い家を出ました。その時、どこにいくにしても路用がなくては、と思い返し、家に帰って店にあった三貫文の銭を三尺手ぬぐいで結わえて肩に載せ、走り出ました。

しかし、子供と銭の重さで、逃げるにもなかなか思うようにいきません。

それを見ていた人が、

「命のほうが大事だ！　その銭も死んでは意味がない。水に投げ捨てろ！」

と声をかけました。その妻女は、もっともと思い、肩の銭を振り向きもしないで水に投げ入れ、そのまま一心に走って、生玉中寺町の縁のある寺に走りつきました。

さて、腰を下ろして背中の子供をおろして見れば、それは子供ではなく、結わえていた三貫文の銭でした。

「これは…」と言ったその妻女は、その場にひれ伏して途方もなく泣き入りました。川に投げ捨てたのは、銭ではなくわが子だったのでした。

橋がみな落ちたあと、逃げ遅れた人は、裸になって川に飛び込み、道頓堀の方へ行こうとしました。

ある人は、懸命に泳いでいましたが、体が沈んでいきます。よく考えて見ると、首に一〇〇両の金を結わえていて、その重さのために沈んでいたのでした。そこで金を水中に投げ捨て、一心に観音菩薩を唱え、浮木や船に取り付いて、ようやく岸についた、ということです。

逃げおおせた者たちは、高原、生玉、天王寺などの寺町の寺々に縁にまかせて駆け入りました。一つの寺に五〇〇人、七〇〇人と避難し、男女入り混じって本堂や方丈に雑居して臥せり、深夜に及ぶまで小さな子供の泣く声が響きました。

❖大坂宝永大地震の教訓

『大地震記』の著者は、この時の地震で幸いだったこととして次の三点を掲げています。

第一点は、地震はいつ起こるかわからないものだが、今回の地震が昼起こったことは「大いなる仕合（しあわせ）」だとしています。もし深夜に起こっていたとしたら、崩れた家屋に寝ながら打たれ助かる者もなく、幸いにして家が倒れなかった者も狼狽（ろうばい）して家を出、犠牲者は増えただろう、というのです。確かに、地震がどの時刻に起こるかによって、被害はずいぶん違ったものとなるでしょう。

第二点は、伝馬町・博労町あたりにはふだんは多くの駄馬がいるが、この日は役に差し出して一頭も残らず城の周辺に集められていたことだ、と言います。

もし平日のように、これらの馬が米俵を背負って町中を回っていたとしたら、地震に驚いた馬によって被害は倍加しただろうと、推測しているのです。

第三点は、この日たまたま「鳴物停止(なりものちょうじ)」の指示が出ており、ふだんはにぎわっている道頓堀周辺の芝居がすべて休んでいたことです。もしふつうの日ならば、道頓堀に七、八カ所の芝居小屋に見物に行った人が、混乱して大きな被害が出ただろうと推測しています。

これらは、いずれももっともな推測です。

留意しておきたいのは、海底で大地震が起こった時は、大津波が町を襲うことです。今回の東日本大震災の大津波の様子は、連日テレビで放映され、その恐ろしさをまざまざと見せつけてくれました。大きな船も小さな船も津波に流され、凶器となって襲ってきます。車も木造の家も、なすすべもなく流されていきます。かつて大坂の町をこのような津波が襲ったことは、心に留めておく必要があります。

2　安政の江戸大地震と東海大地震

❖安政江戸大地震の人災的側面

安政二年（一八五五）十月二日には、マグニチュード六・九の直下型地震が江戸を襲っています。この大地震の被害も甚大なものでした。国宝「島津家文書」（東京大学史料編纂所所蔵）にある「江戸大地震之図」を見ると、家々が倒壊し、どこからともなく火が出て大火事になった悲惨な情景が描かれています。地震後には、生き残った者が、黒こげの死骸を桶などに入れる姿も見えます。

大地震があれば、人生が即座に終わることもあり、運よく生き延びたとしても、身体に障害が残ったり、立ち直れないほどに財産を失った人も多かったはずです。

安政江戸大地震では多くの家屋が倒壊しました。それが地震災害であることは確かですが、人災の側面もあったことを指摘しておかなければなりません。

地震ののち、「牛門老人（牛込御門辺に住む老人）」が書いていることです。この老人は、膨大な風聞集『視聴草』を編纂した幕臣宮崎成身だと言われています。

これによると、昔は家の隅柱の上の方に火打ちと言って三角の木を入れて固めとし、床の下には柱ごとに足がためという技法を使っていました。そのため、いかに地震が強く、大きく揺れても、家は潰れませんでした。しかし、安政頃は略製となっていたため、たちまち潰れたのだと言います。

「家は、よい大工を頼み、費用を惜しまず古法のごとく作りたいものだ」

というのが老人の感慨ですが、江戸時代の地震だから被害が大きかったのではなく、安政の頃の建て方に問題があったということになります。久しく地震がなかったため、油断して安普請の家が多かったのでしょう。

江戸の多くの家屋は、借家人の住む長屋で、火事でしばしば焼失していました。これは、大家にとっては負担です。そのため安普請の長屋を建てるのが一般的になっていたようですが、経済的利益を優先したための人災と言われても仕方がないでしょう。

福島第一原発は、建物そのものは頑丈だったようですが、付属施設が脆弱(ぜいじゃく)でした。せめて高台に電源をあと一系統配しておけば原子炉の炉心溶融などということは起こらず、多くの周辺住民の方を移住させる大災害にはならなかったでしょう。大津波の危険性を指摘する人もいたのですから、経済的利益を優先した人災だと言わざるを得ません。

また、幕府は防火のため、屋根を瓦(かわら)で葺(ふ)くことを奨励していました。確かに火事には有効でしたが、瓦は重いため、同じ構造の家屋に瓦だけを載せると柱が重みに耐えられなくなります。安政の大地震では、屋根が崩れて圧死した者も多く、幕府の指導が被害を拡大した面もあります。

❖幕府や大商人による施行

阪神・淡路大震災では、地震後、全国から救援物資が届き、ボランティアが多く神戸に入りました。東日本大震災でも同様で、多額の義援金が寄せられ、多くのボランティアの方が今なお活動されています。

江戸時代にはボランティアはありませんが、幕府がお救い小屋を建て、粥（かゆ）などを配給しました。

幕府だけでなく、越後屋などの大商人も、自主的に施行（せぎょう）（被災者に粥などを振る舞うこと）を行っています。こうした大店（おおだな）には、町内の細民や出入りの零細業者などの生活に責任を持つという意識が見られます。

❖町奉行与力佐久間長敬（おさひろ）の回想

それでは、大震災が起こった時、個々の幕府役人は、どのように行動したでしょうか。当時、町奉行所の与力を務めていた佐久間長敬という旗本が残している記録『安政大地震実験談』から、その日の様子を紹介しましょう。

長敬は、安政江戸大地震が起こった時、十九歳の青年でした。

彼の寝床は、十畳敷きの座敷でした。まだ寝付きもしないうちに、西の方から「ごうごう」という響きが耳に入りました。

何事かと頭をあげると、夜具のまま三、四尺（一メートルほど）も投げ上げられたように感じました。

地震が起こった時刻は夜十時頃と伝えられています。当時の人々は、現代人よりはかなり早寝でした。

枕元（まくらもと）では、姉二人が裁縫をしていたと言います。与力とはいえ、家はそれほど広いものではなかったようです。十畳の部屋は、長男の長敬一人の部屋ではなく、姉たちがそこで裁縫などをする部屋でもありました。

姉たちは、あまりの揺れに、「どうしよう、どうしよう」と泣き叫びながら長敬の上に重なってきました。長敬は、しばらく二人の重みで飛び起きることもできなかったと言います。

奥座敷からは、そこで寝ている父親の声が聞こえました。ようやく姉たちとともに廊下に駆けだしたところ、壁が落ちているのにつまずき、将棋倒しになりました。ころがるようにして両親の寝間に入ると、母親が声も出せずうなっていました。

見ると、大柄な下女が三人も母親の上に折り重なっていました。片づけものをしていた下女たちが、夢中で主人の寝間に走り、女主人を守ろうとその上に押しかぶさったのです。

母親は、三歳になる子と寝ていました。下女たちが折り重なるものだから、その子を守るため、母親はかえって大変に苦しい目にあったようです。

こうしたエピソードから、自分の身の危険を顧みず主人の寝間に走った下女たちの生き生きとした「忠義」を実感することができます。この時代の主人と下女の人間関係は、想像以上に密なものだったのです。

大地震のあった日は、新月の頃でした。外にはまったく明かりがありません。

現在でも、大地震が起きれば停電となり、新月の頃だと闇（やみ）の中になります。現代人は暗闇に慣れていないので、パニックに陥る恐れがあります。

父親が、「火をともせ」と叫びます。蠟燭（ろうそく）や提灯（ちょうちん）に火をともして見たところ、戸や障子は外れ、家具が散乱し、土蔵はみな土が落ちて柱が傾いていました。

一家の者たちは、早く安全なところに立ち退こうと、玄関前の広場に出ました。火事が心配なので火は消しました。

近所裏の茅場町（かやばちょう）辺の町屋では、すでに火が出ていて、たちまち火の粉と光が目に入りました。しかし、通常の火事と違い、警鐘も板木も鳴らなかったと言います。みなが大地震の被害を受けていて、鳴らす者がいなかったのでしょう。こうした情景は、かえって不気味です。

長敬たちは、家を出る時、一番いい衣服を着、一番いい大小の刀を腰に差しました。お金もできるだけ持ち出し、各自に分けました。そして、この先、もし離ればなれになったとしても、どうにかして生き延び、再びこの地に帰ってくるようにと約束しました。

周辺に出た火は勢いを増し、すでに大火事になりつつありました。

長敬は、お城が気がかりになりました。そこで、重いお金は投げ捨て、家族を置いてお城に駆けつけようとしました。主君である将軍の安否が何より心配でした。

しかし、父親は、

「夜中の大地震では城には入れまい。それより仲間の若者をさそって奉行所に行け」

と助言しました。

そこで長敬は、人を走らせて仲間の与力や同心を呼び、集まった二五人で奉行所に向かいました。与力・同心は八丁堀などの同じ地域に集住しているので、こうした時には機能的でした。

奉行所に着いてみると、町奉行池田播磨守(はりまのかみ)頼方が火事装束に身をかため、玄関前で床几に腰かけていました。

長敬は、町奉行の無事を祝し、与力・同心の家の様子を報告し、「何か御用があればと駆けつけました」と言上しました。

町奉行は、すでにお城に同心を遣わしていました。応対した若年寄は、「上様は我々が御警固申し上げる。町奉行所は市中の救護をせよ」と命じました。

そこで町奉行は、被災者への炊き出し、御救い小屋の建設、怪我人の救護、必要物品の確保、諸職人の呼び出し、売り惜しみや買い占めの奸商の取り締まり、市中の救助や取り締まりなどを、矢継ぎ早に指示しました。

町奉行所は、江戸の町民の安全に責任を持つ行政機関として、被災者を救うために、迅速に手を打ったのです。現在の東京都職員の数とは比較にならない少人数であるにもかかわらず、そのわずかな人数で大江戸の危機を支えたのでした。

当時の幕府役人は、なかなかのもので、捨てたものではないと思います。

目付・使番・火事場見廻といった役職にあった幕臣たちも同様です。彼らは、自分の家が潰れても、類焼していてもかまわず、将軍の安否を気遣い、火の中を乗馬で奔走していました。

諸大名も大きな被害を受けましたが、それでも江戸城に見舞いの早馬を出しました。そのため城のまわりは戦場のような有り様だったと言います。

将軍の安否の確認や、幕藩間の儀礼的慣習などは、たとえ自分や家族の命が危うくても、当然行うべきことなのでした。

こうした旗本や大名たちの行動は、単に「忠義」という一言では片づけられません。いわば、理性的な思考からもたらされる「なすべき行動」ではなく、自然とそうせざるを得ないという身に染（し）みついた行動様式なのでしょう。

❖佐久間長敬の教訓と感慨

大地震の時の心構えとして、長敬の述懐を紹介しておきましょう。
出る猶予（ゆうよ）があれば表へ立退くより外はないが、せっぱ詰まった状況では、学者でも英雄でも工風（くふう）もなにも出るものではない、アーという間に家はつぶれて来る、其時表へ飛出した人は夢中に出たので助かったので、たんにまぐれの幸運だったにすぎません。

大地震にあって助かるのは、行動がよかったというより、運がよかっただけ、というのです。

たとえば水戸藩では、有名な尊王攘夷家藤田東湖（とうこ）が、倒壊した家で圧死しています。

母を助けようとして落命したと言われていますが、見当たらぬ母を案じて躊躇しているうちに被害にあったとも言います。出久根達郎氏は、『安政大変』（文春文庫）の「あとがきにかえて」で、「どことなく死者と藩の体面をかばっているような節が無いでもない」と指摘しています。

藤田東湖のような偉人でも、地震があって運が悪ければ死にます。生と死を分けるのは一瞬の判断や運でした。

❖大津波の被害を越えて

安政江戸大地震は、直下型の地震なので、津波の被害はありませんでした。しかし、前年十一月四日に起こった安政東海大地震は、駿河湾から遠州灘沖を震源とする海底地震でした。

この時は、マグニチュード八・四の大地震で、海底の地震ですから東海地方沿岸に大きな津波の被害を与えました。翌日にもマグニチュード八・四の南海大地震が起こり、南海地方沿岸に大きな津波の被害がありました。安政江戸大地震は、これらの大地震に誘発されたものだとされています。

地震後に伊豆の下田に再来航したアメリカ使節ペリーの副官アダムズ中佐は、下田の景観がまったく変わっていたことに驚き、次のように書いています（土屋喬雄・玉城肇訳『ペルリ提督日本遠征記』四、岩波文庫）。

低地に在るあらゆる家屋及び公共建築物は破壊された。高所にある二三の寺院及び私人の建築物だけがそれを免れた。そして僅（わずか）に十六軒の建物だけが、曾（かつ）て下田にあつたもののうちで残つてゐるものである。住民達は、この潰滅は土地の直接の震動によつて起されたのではなくて、震動によつて生じ、且つ土地の震動の後に必ず起る海の運動によるのであるとアダムス中佐に語つた。日本人の語るところによると、同湾及び海岸付近の水は最初猛烈に震動してゐるやうに見えた。間もなく急速に退き初めて、同港の水底が見えた。そこは普通五尋の水があつた所であつた。それから水は普通の高さよりも五尋も高くなつて陸の上に押し寄せ、町にも溢れて家々の屋根にまで達し、あらゆるものを流し去つた。驚いた住民達は丘陵に逃げ走つたが、頂に達するまでには登つて来る水に追ひつかれて数百人が溺死した。水がこのやうに退いては返へすこと五六度、あらゆるものを破壊し去り、附近の海岸には打ち倒された家屋や錨地（びょうち）からひきもがれた船舶の破片や残骸が散乱した。

下田はまったく姿を変えていました。日本の海岸は、古代以来、しばしば大津波に襲われ、その都度、甚大な被害を出しているのです。一尋は成人男子が左右の両手を広げた長さで、だいたい一・八メートルです。五尋だと九メートルになりますが、東日本大震災を見たあとだと、十分あり得る高さだと感じられます。この高さの津波が来れば、下田の町が潰滅したのもわかります。

しかし、これほどの大災害でありながら、ペリーが再来航した時の下田の人々は、明るく復興に努めていました。

地震によつて生じた災禍にも拘はらず、日本人の特性たる反撥力が表はれてゐた。その特性はよく彼らの精力を証するものであつた。彼等は落胆せず、不幸に泣かず、男らしく仕事にとりかかり、意気阻喪することも殆どないやうであつた。バウアタン号（ポーハタン号）の到着した時、彼等は忙しく取り片附けと再建に従事してゐた。毎日あらゆる地方から石材、木材、屋根葺草、瓦、石灰等々が到着して、バウアタン号が出発する迄には約三百軒の新しい家屋が殆ど又は全く出来上つてゐた。但し同艦の滞在中は時々かなり強い震動があつて、災禍が再び生ずるかも知れぬと警戒されてゐた。

まだ時折大きな余震が続く中で、人々は復興に向けて働いていたのです。ほとんどの家屋が津波に破壊され、多くの人命が失われた大災害でしたが、人々は落胆の気持ちを表に出さず、がれきを片付け、新しい家を建てていたのでした。

ペリーが感心した「日本人の特性たる反撥力」は、今回の東日本大震災での被災者の方々の姿にも表れていました。あれだけの大災害の中で、人々は秩序正しく行動し、復興への努力を始めています。

どのような大災害にも屈しない日本人の特性は、長い歴史の間に日本人が身につけた美徳です。東日本大震災は、ほんとうに残念で痛恨の思いですが、いかに大きな被害を受けたとしても、東北の人々はすでに復興に立ち上がっており、近い将来、復興を実現するであろうことは、過去の歴史が証明しています。筆者は、そうした日本人の力を信じています。

（初出：出久根達郎『安政大変』文春文庫解説）

第八講　時代小説で江戸と触れ合う

1　江戸の機動隊——池波正太郎『鬼平犯科帳』

❖火付盗賊改（ひつけとうぞくあらため）・長谷川平蔵

池波正太郎氏の『鬼平犯科帳』の主人公長谷川平蔵は、火付盗賊改（以下、火盗（かとう）改）を務めた実在の人物です。名を宣以（のぶため）と言います。

江戸の警察業務は、本来、町奉行所の管轄（かんかつ）です。町奉行所は南北二カ所あり、月番で務めます。各奉行所に奉行のほか、与力二五騎、同心一二〇人（後に一四〇人に増員）がいますが、町奉行所の最大の業務は江戸の市政で、司法・警察も担当しました。市政、司法は与力が責任者となりますが、警察業務を担当するのは同心だけで、定町廻(じょうまちまわり)六人・臨時廻(りんじまわり)六人・隠密廻(おんみつまわり)二人の計一四人にすぎません。

南北の町奉行所を合わせても二八人にすぎない警察組織では、俗に「八百八町（実際は千町を超える）」と称された大江戸の警察業務をこなすことはできません。日常的には町人の自治組織が補助的業務をこなしていましたが、大規模な強盗団などにはとうてい対処できません。そのために設けられたのが火盗改です。

火盗改の職は、寛文五年（一六六五）に設けられ、元禄十二年（一六九九）に廃されますが、同十五年に再置されました。この職に任じられたのは、本来は軍事組織である先手(さきて)組の隊長（先手頭(がしら)）です。

先手組は、時期によって異なりますが、おおむね鉄砲組二四組、弓組一〇組があります。一組に頭一人、与力五～一〇騎、同心三〇～五〇人がいます。火付盗賊改に任じられた先手頭は、その配下を指揮して、放火犯や盗賊を捕縛したのです。

先手頭は、主に両番（書院番・小姓組番）家筋の旗本が務める役職で、使番、小十人頭（こじゅうにん）、目付などから昇進し、役高は一五〇〇石です。出世コースから少し外れていますが、遠国（おんごく）奉行（長崎、京都、大坂など幕府直轄地の市政、裁判を行なう役）に栄転する者も少なくありません。

火盗改は、先手頭が兼任することから「加役（かやく）」と呼ばれました。加役には、一年を通じて務める加役本役と、冬季のみ務める当分加役があります。加役には、特に武勇に優れているとされた者が選ばれましたから、権威がありました。

❖適任すぎて留任が続き昇進のチャンスを逸する

長谷川平蔵は、天明七年（一七八七）九月に当分加役に任命され、翌年四月に当分加役を免じられますが、同年十月からは加役本役となり、寛政七年（一七九五）五月に没するまでその地位にありました。

平蔵の父は、京都町奉行まで務めたエリート旗本です。平蔵も、遠国奉行、ひいては町奉行の地位もねらえる家柄でした。庶民にも人気があり、是非平蔵様に町奉行になってもらいたい、という声もありましたが、周囲の妬（ねた）みもあってついに火盗改どまりで終わります。

しかし、町奉行と同席して町人に申し渡しを行い、平蔵様が町奉行で、町奉行が火盗改のようだとまで言われていました。

平蔵は、火盗改を天職のように思っていましたが、昇進の期待がないわけではありませんでした。彼の意中の職は、当然、町奉行でした。しかし、たびたび下馬評にのぼりながら、目付を務めていないなどの理由でいつも選に漏れました。

平蔵は、「もうおれも力がぬけ果てた。（中略）是（これ）ではまう酒計（ばかり）を呑（の）み死ぬであらふ」（『よしの冊子』）とため息をついて同僚に愚痴ったこともありました。

火盗改から町奉行に栄転というのは前例がないので、まず大坂町奉行か京都町奉行などに転出し、その後、町奉行というのが現実的だったでしょう。しかし、平蔵があまりに火盗改の職にはまっていたために、余人をもって代え難いということで留任が続き、ついに在職中に没したのは残念なことでした。

（初出：『練達の人　池波正太郎』別冊太陽一六九、平凡社）

2　男の独り者の暮らしぶり

――池波正太郎『仕掛人・藤枝梅安』

❖裏店（うらだな）で独り暮らし

池波正太郎氏の『仕掛人・藤枝梅安』の主人公梅安の家は、品川台町の通りを南に下った雉子（きじ）の宮という神社の近くのわら屋根のちょっと風雅な構えの小さな家という設定です。
独り暮らしで、家の掃除や洗濯は、近所の百姓の老婆（ろうば）が通いでして
くれたといいます。
雉子神社は、ＪＲ山手線五反田駅から北東へ四〇〇メートルほどの
ところに現存しますから、梅安はこのあたりに住んでいたことになり
ます。現在は、品川区で高級住宅街として知られる島津山の近くです
が、当時としては江戸のはずれです。町人相手に鍼（はり）医を営む者が、こ
うした場所に一軒家を借りて住むことはほとんどなかったでしょう。
それではどういうところに住んだかといえば、江戸のどこかの町の
裏店です。裏店は庶民の住居で、裏長屋ともいいます。表通りに面し
た表店（おもてだな）から路地を通って中に入ったところにある長屋群です。

俗に「九尺二間の裏長屋」と称されるように、現在で言えば六畳一間の空間に竈（かまど）のある土間を備えた部屋が並ぶ長屋です。中には、もう少し広い部屋の長屋もあります。江戸のほとんどの庶民は、独り者も夫婦者も、こうした裏店に住んだのです。

町屋敷というのは、表店と裏店を含めたもので、越後屋のような大店は別として、大きな屋敷が一軒建っているわけではありません。店舗である表店と賃貸住宅である粗末な長屋が、屋敷地の中に建てられていました。

江戸は水道が発達していて、裏店の空き地には水道の水を汲（く）む井戸があります。ここで長屋の住民が食材を洗ったり洗濯をしたりします。そのため、そこで行う噂話（うわさばなし）などの会話を、俗に井戸端会議というのです。

裏店は住居ですが、庶民の仕事場でもあります。寺子屋、髪結い、繕い物、祈禱師、按摩、産婆など、さまざまな職の者が、看板を出して営業しています。

鍼医なども、こうした長屋で暮らし、呼ばれれば何処にでもいって治療するのが一般的でした。往診するにも、徒歩かせいぜい駕籠を使うぐらいですから、それほど広範囲の患者は診られません。

裏店に住む独り者は、もともと狭い部屋だから掃除などは自分でしたし、洗濯も自分でしたでしょう。

食事は、江戸は独り者の多い町だから、外食産業が発達していました。煮売り屋や一膳飯屋があり、蕎麦、天麩羅、寿司などの屋台がありました。しかし、基本は自炊だったでしょう。

❖独り者には暮らしやすい町

幕末に、紀州から江戸勤番に出てきた酒井伴四郎という下級武士がいます。国元に妻と幼ない娘を残した単身赴任でした。

食生活は、江戸の庶民と変わりません。彼らは、江戸藩邸内の長屋に住み、同僚と自炊しています。魚や野菜は、藩邸内の長屋に出入りする行商がおり、時には藩邸外に出て食材を買ってくることもありました。

彼の日記によれば、メニューは調理の楽な鍋が多く、蛤、泥鰌、鶏など、魚は鰹、鮪、鰯、鮭、鯖、穴子、鯛など豊富でした。もちろん遊びのために外出し、雑煮や汁粉、団子などを食べ、蕎麦や寿司も食べています。幕末だから豚肉を食べることもあり、猪肉(いのしし)を食べさせるももんじ屋もありました。

梅安のように鍼医の心得があれば、鍼医の看板を出して客が来るのを待ちます。医者は、現在のように国家試験があるわけではありませんから、その素養があると思えば看板を出すことができました。

儒医者といって、儒学を学ぶかたわら書物の上で医学や薬の知識を得て医者を開業している者も多かったといいます。怪しげな祈禱師も、医者の看板を出していました。

勤番武士を含めて単身者が多い江戸は、独り者には暮らしやすい町でした。彼らを対象にした零細な商人もまた多かったからです。

人件費が安いから、そこそこ収入があれば下女などを雇って炊事や洗濯を頼むこともできました。梅安のような者が、あちらこちらにいる世界が、江戸の裏店だったのです。

（初出：『練達の人　池波正太郎』別冊太陽一六九）

3　慶次郎が歩いた江戸の町
――北原亞以子『慶次郎縁側日記』

❖文政時代の庶民の暮らし

北原亞以子氏の『慶次郎縁側日記』の時代設定は、文政十二年

（一八二九）から十三年とされています。この文政年間を象徴する出来事は、その最初の年に、側用人水野忠成（ただあきら）が老中を兼任したことでした。

忠成は、一一代将軍家斉の小姓出身で、田沼意次の時代に老中を務めた水野忠友の婿（むこ）養子になり、老中にまで成り上がりました。政治は、「水のでてもとの田沼になりにける」という当時の狂歌が示すように弛緩（しかん）し、賄賂（わいろ）が再び横行しました。

旗本の間では、政治に緊張感がなかったためか、いじめなども横行しました。文政六年（一八二三）には、先輩の番士にいじめられた松平外記という西の丸書院番士が、城中で彼らを殺傷するという事件も起こっています。

当時の世相を描いた『文政年間漫録』という随筆があります。これに、野菜を売り歩く棒手振（ぼてふり）の生活が記されています。研究者は、こうした史料から当時の庶民の生活をイメージしています。

早朝、銭六、七〇〇文を持って家を出、市場で蕪菜（かぶな）、大根、蓮根、芋を仕入れ、一日中売り歩きます。日が西に傾く頃、家に帰ると、女房が子供と一緒にまだ昼寝していました。

彼は、竈に薪（まき）をくべ、財布の紐（ひも）をといて明日の仕入れ銭を除き、家賃分三〇文ほどを竹筒に入れていると、女房が起き出してきて、米代をくれといいます。二〇〇文を渡すと、味噌も醬油もないというのでもう五〇文を渡します。女房は、籠（かご）を抱えて買い物に行きます。子供も起きてきて菓子代をせびります。そこで一二、三文を渡します。残りの金は、一〇〇文から二〇〇文です。これは、酒代か、あるいは風雨の日のための蓄えにしておくか、それはその日の気分次第です。

棒手振は、一日働くと一貫二、三〇〇文の売り上げがありました。儲（もう）けは五〇〇文ほどです。もし仕入れの銭がなければ、一〇〇文に一日二文か三文ほどの利子で金を貸す業者がいました。七〇〇文借りても、利子はせいぜい二一文です。売り上げから十分返せます。

もちろん、一カ月も借りればたいへんなことになりますが、仕入れの銭に不足している者にはありがたいものでした。江戸は、お金のない者もそれなりに生活できるような土地だったのです。

大工ならどうでしょう。一日の手間賃は銀四匁（もんめ）二分、飯米料が一匁二分で計五匁四分。銀一匁が銭八〇文ほどですから、換算すると一日四三二文です。棒手振とあまり変わりませんが、棒手振よりは確実に仕事にありつけたようです。

火事でもおこれば手間賃は急騰（きゅうとう）しますが、正月節句や風雨の日は仕事ができません。「どうやって酒色に耽（ふけ）ることができようか」というのが大工たちの言い分だったといいます。

これらを見ると、庶民の生活はつましいものですが、気楽でもあります。こうした江戸の庶民を、理不尽な犯罪から守るのが慶次郎ら定（じょう）町廻（まちまわり）同心でした。

❖自身番（じしんばん）の内と外

定町廻を現在の警察組織のように考えると、大きな間違いを犯すことになります。既に述べたように、千町以上ある江戸の治安を守るのに、定町廻は、南北町奉行所あわせて一二人しかいませんでした。

この程度の組織とも言えない組織が機能していたのは、町の自治組織がしっかりしていたからです。各町には、町入用という町人が拠出した資金によって設けられた自身番という施設がありました。

自身番は、大きな町では一町に一カ所ありましたが、二、三町で一カ所のところもあります。嘉永三年（一八五〇）には、江戸中に九九四カ所あったといいます。ここに町で雇われた店番（たなばん）や番人を置き、家主（やぬし）が交代で詰めました。

自身番の任務は、交代で町内を巡回し、不審者がいれば捕らえて自身番屋に留置し、町奉行所に報告しました。いわば、自警のため町が設けた交番のようなものです。岡っ引が、「番屋に来い」と言って連れてくるのが、この自身番でした。

自身番の規模が大きいものを「大番屋」といいます。別名「調番屋」ともいい、与力が出張して容疑者の取り調べを行うのがこの大番屋です。これは江戸に数カ所あったとされています。

岡っ引は、目明かしともいいました。もともとは捕らえられた犯罪者を密告者として使ったもので、のちに町の顔役などにも十手を与え、犯罪捜査に協力させました。悪の道にも精通していることから、犯罪者の検挙にも役立ちましたが、もともとが悪人ですから、お上の権威を笠にきて善良な町人をゆするなど、弊害も大きかったようです。

定町廻が江戸の町を巡回する時は、小者や岡っ引を連れ、各町の自身番をまわりました。戸口で、「番人！」と声をかけ、「何もないか」と訊ねます。「何もございませぬ」と答えると、次の自身番に回っていきます。

さて、同心を引退した慶次郎が寮番を務めていたとされる根岸ですが、ここは現在のＪＲ山手線の外側東北方面に広がる上野台地の崖下の地（台東区根岸一丁目〜五丁目）です。

寛永寺領で、江戸の中頃から風雅な趣きのある閑静な土地として知られ、豪商や文人墨客が別荘を建てて住んでいました。

酒問屋の寮があったというのは北原氏の創作ですが、確かに当時は畑の中に風雅な庭を持つ裕福な商人の別荘が点在していたことでしょう。隅田川を隔てた向島も同じような場所で、元幕府小納戸頭取中野碩翁の別荘がありました。

碩翁は、家斉の寵愛を受け加賀藩主前田斉泰の室となった溶姫らを産んだ側室お美代の方の養父としても有名です。出世を望んで碩翁の口利きを望む大名や旗本が、しばしばこの屋敷を訪れました。

同じ上野でも、不忍池の方は、出会い茶屋が建ち並んでいました。不倫関係の男女や宿下がりの御殿女中が、恋人と逢瀬を楽しんでいたともいわれます。当時、不倫は不義密通と言われ、発覚すれば死罪とされました。しかし、あまりに罰が重いということで、金七両二分を夫に支払えば示談になる、という慣行がありました。

御殿女中は、大名家の奥に勤める女性です。

江戸城大奥に勤める直の奉公は、旗本の娘しか許されず、宿下がりの時も監視の者が付いて来るなど厳しいものでした。しかし、大奥女中の部屋子などとして私的に雇われる者は、町人や農民の娘です。彼女たちは、宿下がりなども認められましたから、こうした場所に出入りすることもできたでしょう。

大名の奥に勤める御殿女中は、藩士の娘が中心ですが、江戸屋敷なら手づるを求めて奉公することもできました。そのため江戸の町家では、小さい頃から琴や踊りなどの稽古(けいこ)に通う女の子も少なくありませんでした。大名家の奥は、行儀作法を教える学校のようなもので、多少余裕のある家庭では、娘を奥奉公に出すことをめざして習い事をさせました。

4　遠山金四郎家日記に見る遠山家
——宇江佐真理『桜花(さくら)を見た』

❖「遠山桜」の背景にある遠山家の複雑な事情

テレビの時代劇でも有名な遠山の金さんも、実在の人物です。天保十一年（一八四〇）に、北町奉行になった遠山左衛門尉景元(さえもんのじょうかげもと)です。「左衛門尉」になる前は金四郎を名乗っていますから、通称が「金さん」になるわけです。

宇江佐真理氏の『桜花を見た』という短編は、名奉行と謳(うた)われた遠山景元の隠し子をテーマとした作品です。景元は、若い頃は放蕩(ほうとう)を尽くしており、刺青を入れていたという伝説があります。当然、その時期に町娘と懇ろになり、隠し子がいたとしても不思議はありませんから、小説の設定としてはおもしろいと思います。

景元がなぜ若い頃に自暴自棄のような生活をしていたのかと言えば、作品の中でも説明されているように、遠山家の複雑な事情がありました。

景元の実父景晋は、知行一〇〇〇石の旗本永井直令の四男です。直令は、目付、小普請奉行、西の丸留守居などを歴任しています。こうした旗本の次男以下は、他の旗本の養子に行きます。四男であった景晋は、五〇〇石の旗本遠山景好の養子に迎えられました。

景晋は、天明六年(一七八六)、遠山家の家督を継ぎます。

寛政六年（一七九四）には幕府が実施した第二回学問吟味に甲科で及第します。これはたいへん優秀な成績で、このことが景晋のその後のキャリアを保証することになります。

景晋は、同十二年に徒頭（かちがしら）に昇進したのを皮切りに、目付、長崎奉行、作事奉行と昇進していき、文政二年（一八一九）には勘定奉行にまで栄達しました。

その長男だった景元には、未来が開けていたはずですが、景晋の養父景好に実子景善（かげやす）が誕生したことから複雑になりました。景晋は、遠山家の血を引く景善を養子とし、景元はいわばやっかい者になったのです。

そのため景元は放蕩の世界に身を投じたとされます。

この伝説を語る史料はいくつかあります。有名なものは、中根香亭という元幕臣が明治二十六年（一八九三）に執筆した『帰雲子伝』というものです。

これによると、景元は、若い頃に遊里に出入りし、無頼漢と交わって放蕩をし、刺青も身体に入れました。しかし、このため庶民の事情に通じており、町奉行となってから庶民の心をつかむ裁きができたといいます。

ある時、吉原の遊女が盗みの疑いで町奉行所で裁かれたことがありました。付き添いで出廷した遣り手婆が、景元が出てきて座につくと、「おや、金さん」と声を掛けました。景元は、少しもあわてず、「久しぶりだな。幸い恙なく、今では町奉行となっておる。お前は年をとったのに、まだ遣り手婆などをやっているのか」と答えたので、その者も畏れ入ったといいます。

しかし、森銑三氏の考証によると、この話は享保年間の町奉行能勢頼一の逸話が景元の話になったものです（「人物閑話」『日本歴史』四四号）。『遠山金四郎の時代』（校倉書房、一九九二年）を書いた藤田覚氏も、いくつかの伝承を検討し、景元が桜吹雪の刺青をしていたかどうかも確証がないとしています。

それではなぜ、景元の人物像がそれほど一般化したかと言えば、明治以降、『帰雲子伝』などをもとに『遠山桜天保日記』（明治二十六年、明治座で初演）のような芝居がさかんに演じられたからです。

芝居は、庶民相手のものだから、できるだけおもしろく作ります。

裁判の場面も劇的なものにするし、町奉行も変わった人物のほうがいい。そのため、景元には刺青があり、若い頃は放蕩を尽くしていたことになったのでしょう。

旧幕臣だった一故老は、江戸時代の裁判について「芝居のように依怙（えこ）や偏頗（へんぱ）はなかなか出来ませんよ」と述べています（篠田鉱造『増補幕末百話』岩波文庫）。

景元は景善の養子となって遠山家を継ぎますが、景善に実子ができたとしても、武士を捨てる必要はありません。実父景晋のように、学問に励めば、おそらく他に養子に出ることができ、旗本としての栄達も期待できたでしょう。勘定奉行まで務めた景晋の実子ですから、自暴自棄になる必要はありません。

ただし、景元の養子時代はまったく史料がありません。どんな生活をしていたかわからないから、小説で想像の羽を伸ばすことは小説家の特権です。

❖めぐってきた出世階段

文政七年（一八二四）、景善は若くして没し、景元が遠山家を継ぎます。景元は、翌八年、将軍家斉に初御目見えし、同年に西の丸小納戸に召し出されました。

当時の西の丸は、家斉の世子家慶（いえよし）の住居です。西の丸小納戸という役職は、将軍世子の手回りの物品の管理をするのが仕事です。小姓よりは格下ですが、将来将軍となる者の側（そば）に仕えるのですから、人物の吟味はかなり厳しくなされたはずです。

西の丸小納戸に抜擢されるような者が放蕩を尽くしていたとは思えませんが、明治になってさかんに金さんの刺青が話題になるところを見ると、腕から背中にかけて入れたという刺青がまったく根拠がなかったともいえません。この時期、刺青はずいぶんと流行していて、少し不良がかった旗本の子弟にも刺青を入れた者があったのではないかと思われるからです。

天保三年(一八三二)、景元は、西の丸小納戸頭取格となり、同五年、西の丸小納戸頭取になります。翌六年には表の役職である小普請奉行になり、作事奉行、勘定奉行と歴任して、四十七歳の時、北町奉行に栄進しました。

景元が目をみはるばかりの出世階段を駆け上ったのは、彼自身の能力が出色のものだったことは当然ですが、おそらく家斉、家慶の信任が厚かったこともあずかっているでしょう。

天保八年に将軍になった家慶は、同十二年、江戸城吹上で行われる「公事上聴（将軍が三奉行の裁判を直々に見ること）」において、景元を、「今般の振る舞いは格別で、奉行たる者こうありたいものだ」と激賞しました。こうして、景元の名奉行としての評価が定着したのです（藤田、前掲書）。

❖謎の多い私生活を明らかにした「遠山金四郎家日記」

ただ、景元の平常の生活は謎に包まれていました。景元の町奉行としての事績は、幕府の記録である『市中取締類集』（国立国会図書館所蔵、東京大学史料編纂所編『大日本近世史料』で刊行中）に公式な記録として残されていますが、日記や手紙など景元自身が残した史料がなかったからです。

ところが、近年、岡崎寛徳氏が、大倉精神文化研究所の所蔵史料の中から遠山家の日記を発掘し、『遠山金四郎家日記』（岩田書院、二〇〇七年）として刊行しました。

この日記は、遠山家の御用部屋などで記されたもので、六冊が現存しています（現在は、一部が合冊され三冊）。弘化五年から嘉永元年（一八四八）、安政二年（一八五五）から同三年、慶応元年（一八六五）と断続的ですが、当時の旗本や町奉行の日常生活を知る上で非常に貴重な史料です。

岡崎氏は、この日記を詳しく分析しています（「嘉永元年・安政2年の遠山左衛門尉景元」『大倉山論集』第五十輯（しゅう））。

嘉永元年は、景元が町奉行を務めていた時期です。九月二十五日の記事には、景元が「公事上聴」のため、七つ半（午前五時頃）に、供（とも）揃（ぞろ）えをして登城し、四つ（午前十時頃）に帰宅しています。町奉行の御城での仕事は、午前中には終わるのです。

午後は、毎日ではありませんが、町奉行所での業務に従事します。

遠山家の家来たちは、景元を「御前」、妻を「奥方様」、嫡子（ちゃくし）景纂（かげつぐ）を「若殿様」と呼んでいます。時代劇では、ぜひこうした呼び方を学んでほしいものです。

興味深いのは、景元が、数寄屋橋御門内にある北町奉行役宅だけではなく、「本所御下屋敷」、愛宕下の「御本屋敷」を行き来していることとです。宇江佐氏は、隠し子の英助が実父景元に対面したことにしていますが、その場所は町奉行所ではなく、本所下屋敷あたりだったでしょう。

町奉行を務めていた景元には、諸方からの到来物がたくさんありました。

四月六日には、「献残（将軍に献上した残り物）」の名目で、対馬藩宗対馬守から寒塩鰤一尾が、同十日には赤穂藩森越中守から焼塩一箱が贈られています。同十五・十六日には、参勤交代で出府した分部若狭守から干鯛一折・御樽代二〇〇疋を始めとして、十五家の大名から進物が到来しています。

カステラも、幕府絵師の狩野探淵(たんえん)や堺奉行駒井信義から贈られています。町奉行の多彩な交際や豪華な食生活を知る上で貴重な記述です。

また、景元やその家族は、よく「勧進能」見物に外出しています。興行された場所は書かれていませんが、能見物は武士家庭の娯楽として定着しています。

景元の息子の嫁である「御新造様」が子供を連れ実家の曾我家を訪問した時（七月六日）は、二人の家来が御供しています。この時は泊まりがけで、七月十一日に、子供とともに帰宅しています。身分の高い武家の妻の生活がわかります。

❖死去も克明に

この日記は、景元の死去も伝えています。

安政二年二月二十日、景元は、本所下屋敷で具合が悪くなり、そのまま下屋敷に泊まりました。翌日には「奥方様」も本所下屋敷に行き、嫡子景纂も、勤めが終わった後、本所下屋敷に向かっています。景纂は、目付という激務にあったため、翌日は当番に備えて上屋敷に戻っています。

同二十二日、景元夫婦は上屋敷に戻りました。しかし、予断を許さない日が続きます。遠山家には、諸方から見舞いの使者や手紙が送られてきます。そして同二十九日暮れ六つ半時（午後八時頃）、景元の容態は急変し、そのまま死去しました。

景元の遺骸（いがい）は三月二日に菩提寺（ぼだいじ）である本郷丸山の本妙寺に送られ、そこで葬儀を行い、千住の宗源寺で火葬されました。

遺骨は、翌日本妙寺に返され、埋葬されました。江戸市中の寺では火葬を行わず、千住で火葬して遺骨が菩提寺に戻されるのが普通だったのです。

遠山家は、五〇〇〇石の旗本です。景元が没すると、景元の家来二人と中間（ちゅうげん）四人、女中三人に暇が出されました。これだけの人を召し抱えておくのは困難だったのでしょう。

こうした者たちは、おそらくは別の旗本家で召し抱えられることになったと思われます。役職を退いて足高のなくなった旗本は、家臣に暇を出しますが、逆に役職について足高をもらう旗本もいますので、再雇用はそれほど困難ではありませんでした。

このような日記は、当時の旗本の暮らしを想像する上で、この上なく貴重なものです。日記の分析から得られた知見は、小説や時代劇の貴重な参考資料にもなります。こうした史料を発掘して、当時の人々の暮らしの実態に迫ることが、歴史学の課題ともなっています。

（初出：宇江佐真理『桜花を見た』文春文庫解説）

5　幕末・明治の世を武士として生きる
――浅田次郎『五郎治殿御始末』

❖桜田門外の変

浅田次郎氏の『五郎治殿御始末』という短編集に収められている「柘榴坂の仇討」は、桜田門外の変の時、大老井伊直弼の護衛をしていた志村金吾という侍の後日談を書いたものです。直弼を討った水戸浪士の一人が逃走して命を永らえて車夫となっており、偶然にも金吾と遭遇する、という設定です。

襲撃に参加した浪士のうち、海後磋磯之介・増子金八の二人は逃走して命を全うしているので、ありえない話ではありません。

この小説で、登場人物が桜田門外の変の幕府評定所で吟味される話が出て来ますが、これについては興味深い事実があります。

井伊大老襲撃後、大老が殺害されるという大事件だったから、評定所では、五手掛といって寺社・町・勘定の三奉行と大目付・目付が担当して審議しました。

自首した者たちは、みな大老の首を取ったと認め、なぜそのような計画を立てたのかを自白したのですが、彦根藩は、主君が傷付けられたというだけで首を取られたとは決して言っていません。藩の面子(メンツ)があったからです。

そのため、この事件は殺人事件ではなく、幕府高官を集団で傷つけたという傷害事件として処理されました。当時、『旧事諮問録(きゅうじしもんろく)』に収められている評定所留役(とめやく)を務めていた小俣景徳(おまたかげのり)の談話によれば、最後は以下のような様子でした。

「重き役人に傷を付けて、いかにも不埒(ふらち)ではないか」というと、しまいには「恐れ入ります」という事になって、そこで拇印(ぼいん)を取って切腹でございます。なかなか最初の勢いは烈(はげ)しいのであります。それが三度五度となると、だんだん柔らかくなって来たのであります。そうして恐れ入ったという所までいって拇印を捺(お)したので、みな死を決しておりました。

桜田門外の変は、表向きには傷害事件にすぎなかったのです。

それはともかく、もし現場から逃走した浪士が明治になって護衛の侍と遭遇したとしたら、互いにどのような感慨を持つだろうという問題意識は、興味深いところです。

❖最後の武士・戸川安愛（やすなる）

小説の結末は、小説を読んでもらうこととして、この作品集のテーマとなっている最後の武士について、明治時代に刊行された『旧幕府』という雑誌に興味深い人物の伝記が収録されているので紹介しましょう。徳川家茂（いえもち）・慶喜（よしのぶ）二代に仕えた戸川伊豆守安愛という人物です。

安愛は、天保五年（一八三四）六月十八日、幕府大番頭で家禄三〇〇〇石の戸川伊豆守安榮の四男として生まれました。

嘉永元年（一八四八）十二月二十二日、学問所で素読出精を認められ、さらに学問に励み、安政四年（一八五七）には、学問所教授方手伝出役を命じられます。十二月には漢文講義を一三代将軍家定の前で行っています。学問好きの旗本だったのでしょう。

文久元年（一八六一）三月二十六日、数えで二十八歳の安愛は、小納戸に任じられました。平時なら、小納戸から小納戸頭取となり、表の役職である町奉行に昇進する、という人生を送ったかもしれません。また、職務の傍ら、学問にも励んだことでしょう。

しかし、時代は急速に動いていました。安愛は、文久三年二月、家茂上洛（じょうらく）にあたって御供を命じられます。

同年六月、家茂が海路江戸に帰った後も、残された安愛は二条城目付を務めます。その後、江戸、京都を往復して任務を務め、十一月には、京都守護職松平容保（かたもり）から但馬（たじま）（兵庫県）辺の巡検を命じられて出張しました。

元治元年（一八六四）七月十九日、京都における主導権を回復するため、長州藩が御所に向けて攻撃を加えます。幕府側は、会津藩が薩摩藩と協力して防戦し、これを撃退しました。いわゆる禁門の変です。安愛は、この時、諸大名が防戦している場所を見回り、指示を伝えるなどの御用を務めています。その後、安愛は、老中稲葉正邦に命じられ、長州藩が確かに恭順の姿勢を示しているかどうかを見届けるため、山口、萩と巡検しました。

慶応元年（一八六五）五月九日、働きづくめだった安愛は病気を理由に御役御免を願い、許されて寄合に列しました。おそらく安愛は、政治の世界があまり好きではなかったのでしょう。

しかし、第二次長州戦争が起こると、再び安愛の働きが期待されるようになります。九月朔日、大坂行きを命じられた安愛は、十月四日、大坂城において目付に任じられ、さらに大目付永井尚志とともに広島へ派遣され、あらためて長州藩を尋問します。

その後、安愛は、たびたび上京御用を命じられます。翌慶応二年正月二十八日には外国御用立会、三月二十三日には大坂御勝手改革取調御用掛を命じられました。

第二次長州征伐は、六月から始まっていました。しかし、旗色は悪く、七月十八日には、幕府方の浜田城が落ちました。そして同月二十日、将軍家茂が大坂城において病没します。

安愛は、将軍の死直後の七月二十三日、大坂で大目付に任じられます。老中板倉勝静は、家茂の遺骸の御供をして軍艦で江戸に帰るよう命じました。

九月六日、軍艦で家茂の遺骸とともに江戸に帰った安愛は、同月十二日には「御代替御用」を仰せ付けられました。

同年十二月、慶喜が将軍職就任を受けると、今度は「将軍宣下御用」を勤めるよう命じられ、その後は慶喜の側近として動くようになります。

慶応三年（一八六七）六月に上京した安愛は、七月には慶喜の御供をして大坂に下り、土佐藩への使いを命じられました。土佐藩が行った大政奉還の建白に関する任務だったと思われます。土佐で御用を済ませた安愛は、その後、長崎にも赴いています。

十月十四日、慶喜は、大政奉還を行います。しかし、いまだ慶喜は、日本の政治の中心にあり、安愛も任務から解放されることはありませんでした。

慶応四年正月三日、鳥羽伏見の戦いが始まります。旧幕府軍は、三日の戦いで敗北、四日には総崩れとなります。六日、慶喜は、軍勢を置き去りにしたまま大坂城を出、会津藩主松平容保、老中板倉らを連れて軍艦開陽丸で江戸に逃げ帰ります。その供の中には安愛もいました。

同年二月九日、老中稲葉から大目付の御役御免を申し渡され、寄合に復しました。

ところが、九月五日には「大目付勤向」を命じられ、慶喜が住む駿河府中に移住し、静岡藩の中老として再び働くことになります。旧幕時代、各地に遣わされ、諸藩からも名を知られていた安愛は、余人をもって代え難い人物だったのです。

この年（九月八日から明治元年）、東京に行幸した明治天皇が京都に戻る時、道中に使いしたのを皮切りに、安愛は、翌明治二年正月には東京に使いし、三月には明治天皇が東京に行幸する際、浜松宿に使いしました。四月には東京詰めを命じられて東京に赴き、八月には藩政御改革権大参事に任命されました。

❖史料の中に人の生きた証を見いだす楽しみ

このように明治時代の徳川家の家政に重きをなした安愛ですが、明治五年（一八七二）には辞職願いを出し、許されて領地があった備中国窪屋郡羽嶋村に行き、帰農します。戸川家の家督は、弟に相続させました。

もともと出世の望みはなく、激動の時代に懸命に勤務しているうちにいやおうなく浮上していった人生だったようです。引退の後、ようやく自分の好きなことができるという思いがあったのか、羽嶋村に自費で学校を建て、児童を集めて教育に従事しました。この時代が一番安愛が人生を楽しんだ時代ではなかったでしょうか。一時、東京府学務御用掛を命じられますが、病気を理由にまた村へ帰っています。

晩年は、村民の推挙を受け、窪屋郡の郡長を勤め、明治十八年（一八八五）十一月九日、同内で病死しました。享年五十二でした。

浅田氏の小説に出てくる恨みや心に傷を負った武士ではありません。

三〇〇〇石の旗本の子として生まれ、将軍の側に仕える小納戸を務めたエリート旗本です。しかし、彼の心の中にもさまざまな思いがあったのではないでしょうか。

幕末史においてまったく無名の人物ではなく、萩藩への使者を務めた旗本として概説書に載ることもあります。ただ、歴史書で出てくるのは、その程度のことです。

彼が、本来は学問好きで、まじめな性格からいやおうなく政治の前面に出てきたこと、もし事情が許せば退いて好きなことがしたいと思っていたことなど、歴史書に書かれることはありません。これは、想像に過ぎないからです。

しかし、歴史家も、本当はそうした想像力を持たなければならないと思います。浅田氏は、自由に想像の羽を広げて独特の世界を作りあげていきます。歴史を研究する時は、より史実に拘束されることになりますが、それゆえより確かな人物像、そしてその人物を通した歴史像を描いていくこともできます。

ただあまりに想像力を働かせすぎると、それがどこまで本当かわからなくなります。ある程度史実に拘束されることは悪いことではありません。そのほうが、より歴史の真実に迫ることができます。日曜歴史家の楽しみも、まさにそこにあるはずです。

（初出：浅田次郎『五郎治殿御始末』新潮文庫解説）

第九講　藤沢周平が描いた「藩」の世界

1　藩という社会・藩士という生き方
――藤沢周平『隠し剣　鬼の爪』

❖藩とはなにか

江戸時代の大名の領地およびその行政組織を「藩」といいます。大名は、一万石以上の将軍の直臣です。一万石以上の領地を持っていても、大藩の一門や家老では、大名とは認められず、あくまで大名の家来の扱いでした。

新井白石の『藩翰譜』のように、大名の家を藩ということは江戸時代にもありましたが、幕府が「藩」を公称したことはありません。「三百諸侯」と総称されていますが、藩の数は慶応元年（一八六五）の時点で二六六藩で、三〇〇には達していません。

藩は、幕府との関係によって親藩・譜代・外様の三つに分けられました。親藩は、徳川家の一門、譜代は関ヶ原合戦以前から徳川家に臣従していた藩、外様はそれ以後臣従した藩です。老中や若年寄などの幕府の要職には、譜代大名が任じられ、外様から任じられることはほとんどありませんでした。

また藩は、領地の大きさによって、国主（国持大名）、準国主、一〇万石以上、城主、城主格、無城に分けられました。一国以上を領する国持大名は、多くは外様大名です。城主はおおむね三万石以上、城主格は二万五〇〇〇石です。領知朱印状は、一〇万石以上の大名には朱印ではなく、将軍の花押（かおう）が据えられました。

藩の実態はまちまちです。加賀百万石の前田家から、上総国請西（かずさのくにじょうざい）藩など一万石の藩では、天と地ほども違います。加賀藩では、家老でさえ五万石もの領地を持ちますが、一万石の藩の家老の知行はせいぜい数百石です。この知行は、加賀藩なら平士（ひらざむらい）です。

加賀藩の領地は、加賀・能登・越中の三カ国にまたがりますが、一万石の藩では十数カ村にすぎません。三万石以上の藩では城を持つことが許されますが、一万石の藩は屋敷構え（陣屋）です。

江戸藩邸も、加賀藩は上屋敷だけでも一〇万坪以上あり、中屋敷、下屋敷の拝領屋敷のほか、多くの抱屋敷を持ちました。一万石では、二〇〇〇坪ほどの上屋敷と下屋敷を持つぐらいでした。門構えも、大藩が独立した門に左右に番所を構えるのに対し、一万石では長屋の一部が番所になっています。

大名の義務のうち最も大きなものは、参勤交代です。これは隔年に江戸と領地を往復する制度で、たいへんな費用がかかりました。参勤交代は、加賀藩では多い時で四〇〇〇人もの隊列で行いましたが、一万石の藩の隊列は三〇人ほどです。また、幕府の役職を務める場合も役料はなく、自藩の経費で賄わなければなりませんでした。このため家臣は、藩主が猟官運動を行うのを嫌いました。

大名は、跡継ぎがないと、廃絶を余儀なくされます。しかも、十七歳未満および五十歳以上の大名が死に際に養子を取ること（末期養子）は禁じられていました。そのため、参勤交代で国元に帰る時は、血縁の者を「仮養子」として幕府に届けました。対馬藩宗家のように、藩主が将軍へ御目見えしないまま国元で死去した時、弟を藩主にすり替えて家を存続させた藩もありました。

明治元年（一八六八）閏四月、新政府は、旧幕府領を府・県とし、旧大名の領地を藩としました。これが公的な「藩」の誕生でしたが、明治四年七月の廃藩置県によって「藩」は永久に消滅しました。

❖武士の身分

藤沢周平原作、山田洋次監督の映画「隠し剣　鬼の爪」は、身分違いのせつない恋を背景に、友人を上意討ちする葛藤、悪辣な家老への復讐などを描いた泣ける作品でした。

その主人公片桐宗蔵は、三五石取りという設定でしたが、これは藩士としてはどのクラスに位置するのか考えてみましょう。

一口に武士と言っても、上は将軍から下は足軽までさまざまな階層があります。当然、生活はもちろんのこと、服装や言葉遣いにまで大きな違いがありました。豊前中津藩士だった福沢諭吉は、『旧藩情』で、武士身分を二つに分かち、上等士族（上士）は大臣から小姓組、医師、儒者まで、下等士族（下士）は祐筆、中小姓、供小姓、小役人、足軽までで、上士は下士の三分の一だと書いています。

大臣というのは藩政の最高責任者である家老を指します。小姓組との身分は大きな差がありますが、小姓組から立身して用人（家老を補佐して藩政にあたる）となる例は珍しくなく、また大臣の二男、三男が分家すれば小姓組になるので、両者は「同一種の士族」であるとしています。

これらの上士は、諸藩では「給人（きゅうにん）」と呼ばれています。これは、知行地を持つ武士ということで、米で俸禄（ほうろく）を受け取る武士とは身分的に区別されています。もっとも、「給人」と呼ばれていても、「地方（じかた）支配（知行地を治めること）」をしているとは限りません。これは、あくまで武士の身分標章です。

下士は、足軽が小役人に立身してさらに中小姓となり、百姓が中間となり小頭を経て小役人になることも珍しくありません。したがって、これらは、やはり同じ身分だと言います。

最近の研究によれば、足軽は百姓出身者で占められ、世襲がありません。そのため、武士の家として成立しているのは、小役人以上だとも言われています。福沢も、足軽が雨中往来で上士に行き逢（あ）う時、下駄を脱いで路傍に平伏すると書いているので、足軽は士格ではあっても武士とは言いがたい身分だったと言えるでしょう。

足軽以外の下士は、「徒士（かち）」または「小役人」と称されます。中小姓の位置づけは藩によって異なりますが、少なくとも徒士や小役人ではありません。ただし、中小姓と「給人」とは、はっきりと区別されます。

上士は下士に「貴様」と言い、下士は上士に「あなた」と言い、

「来やれ」と言えば「御いでなさい」と言うように、言葉遣いにも差がありました。上士は経済的に余裕があるので学問を修め、字も「唐様」を学んだと言います。

一方、下士は、学問をする余裕はありませんでしたが、藩の各役所の物書などに登用されるので、算術や御家流の字を習得する必要がありました。

上士と下士の区別は、基本的には家柄によりますが、当然のことながら知行高にも差があります。大藩と小藩で違いますが、知行高でおおむね七〇石から一〇〇石前後が、上士と下士を分ける分岐点となります。

ただし、このクラスは、上士と言っても「平士（平侍）」で、家老や組頭などを務める家柄の上級武士とは身分が違います。しかし、平士以上は、れっきとした武士として対等の関係にありました。平士は、能力によっては物頭や奉行などに立身するので、確かに「同一種の士族」だったと言えます。その意味では、中小姓以下の武士とは、身分的に格段の開きがあったと言えるでしょう。

❖三五石取りの武士

片桐宗蔵の親は一〇〇石取りで、冤罪（えんざい）によって切腹し家禄を減じられ三五石になったと言いますから、家柄としては平士でしょう。

藤沢周平氏が構想した架空の藩である海坂（うなさか）藩は、七万石という設定です。モデルにした出羽庄内藩は、徳川四天王と称された酒井忠次の孫忠勝を藩祖とする譜代大名中の名門で、石高も一四万石あります。

七万石クラスだと、北陸では、越後国長岡藩牧野家が七万四〇〇〇石です。この藩も決して小藩ではなく、譜代中藩と言っていいでしょう。

七万石と一四万石では、家老の石高から平士の平均石高までそれぞれに差がありました。大企業と中小企業では、同じ取締役でも年俸が違い、課長クラスにも給料に差があるのと同じです。

ただ、初任給にそれほど差がないように、武士の場合も知行が武士の格式を示すことになりますので、ある程度の基準があります。福沢が仕えた中津藩奥平家一〇万石を事例にして見ていきましょう。

中津藩では、一〇〇石、二〇〇石、二五〇石という知行でも、正味は二二、三石から四〇石ないし五、六〇石だったとされています。藩財政の窮乏によって、知行の借り上げなどが行われ、額面通りの収入はなかったのです。しかし、だからといって、一〇〇石取りの武士を実態に合わせて五〇石取りにするわけにはいきません。一〇〇石取りということが、その武士の身分を示すことになるからです。五〇石取りだと、中小姓の格となり、使者として他藩に遣わすこともできなくなります。

中津藩では、正味で米が二、三〇石以上あれば、普通の家族で衣食に差し支えはなく、子弟にそれ相応の教育をほどこすことができたといいます。

したがって、本来、一〇〇石取りの片桐家だと、若党一人、中間二人、下女二人ぐらいを召し抱えていても不思議ではありません。若党は武士身分で、いわば徒士格の家来ですが、一〇〇石取りの家では、中間に刀を差させて若党にしているというのが実態でしょう。ただ、一〇〇石取りの平士なら、それくらいの格式は維持しなければならなかったのです。

知行を削減されて三五石取りになれば、とてもそれだけの奉公人を召し抱えることはできません。そのため、映画にあったように、草履取りの中間一人と下女一人を雇うのが関の山だったでしょう。時代考証としては、たいへん正確なものでした。

ちなみに山田洋次監督の前作「たそがれ清兵衛」の主人公は、もともと三五石取りの小役人（物書）だったと推測されますから、典型的な下士です。虫籠（むしかご）作りの内職に精を出していたのも当然です。福沢も、徒士・小役人クラスの武士は俸給では家族を養うことができず、内職が本業のようなものだったと書いています。

その意味では、映画で清兵衛の死んだ妻が、清兵衛に「御出世なさいませ」と言っていたというのは不可解ですし、上士の家から嫁を取ることもありえませんでした。上士である友人の妹を嫁にもらうことを躊躇（ちゅうちょ）する気持ちは理解できるとしても、設定に少し混乱があったと思います。

さて、片桐家は、本来一〇〇石取りの武士ですから、三五石取りとなっても内職などにいそしむわけにはいきません。百姓の娘である下女と結婚することなどとうてい許されず、手元に置きたければ「妾（めかけ）」とするしかありません。藩によっては届け出て許されれば妻にすることもできたようですが、身分制度の厳格な田舎の藩では困難だったでしょう。

　福沢によれば、下士の内職は、次第に専業に近いものになっていくと言います。最初は、杉や檜（ひのき）で指物や膳箱（ぜんばこ）を作ったり、元結の紙縒（こより）を捻（よ）るぐらいだったのですが、しだいに下駄や傘を作ったり、提灯（ちょうちん）を張ったり、白木の指物細工に漆を塗って商品価値を上げたり、本職の大工顔負けの戸や障子を作ったりする者も出てきたと言います。本来、城下町で暮らせるだけの俸給を保証していないのだから、藩もその動きを止めることはできませんでした。

もともと平士であった片桐宗蔵は、内職をする下士を軽蔑(けいべつ)していたに違いありませんから、俸禄以外には収入がなく、経済的には下士以上に苦しい生活を送っていたはずです。

ただ、住んでいる家が、農村地域の中にあるように見えるのは不思議です。平士であれば、やはり城下町の中に屋敷があったはずです。

もちろん、経済的に困窮した家臣を救うため、届けがあれば、非役の武士がしばらく農村に居住して家計を立て直すことを許した藩もあります。海坂藩もそういう制度をとっていて、宗蔵は田舎に行き、百姓の家を借りて暮らしていたのかもしれません。

2　藩士の身分と側室――藤沢周平『蟬しぐれ』から

❖藩士の格式と知行

藤沢周平氏の小説『蟬しぐれ』の主人公牧文四郎は、二八石二人扶持の牧助右衛門の養子です。生家の兄服部市左衛門は一二〇石で祐筆を務めていたと言います。

こうした家は、海坂藩の中でどのような地位にあったのでしょうか。まず、文四郎の親友たちの家禄（家に付いた俸禄）を見てみましょう。

小和田逸平は、十歳の時に父を失い、一〇〇石取りの当主となっていました。小和田家は、海坂藩では平士の家格だったでしょう。学問のできる島崎与之助は、郷方廻りの小役人（蠟漆役）の次男です。こちらは、おそらく二、三〇俵の無足（知行地のない者）でしょう。

一方、居駒礼助の私塾で与之助と席次を争った山根清次郎は、二三〇石の徒頭の家の嫡男です。山根家は、上の地位にすすむ道がひらかれている「上士の家」だとされています。こういう言い方もできますが、「上士」とは与頭や家老を務める家を言ったほうが混乱がなく、山根家のような家は、平士の上層と考えるのが適切です。

文四郎の剣のライバルとなった犬飼兵馬は、江戸屋敷で留守居を務め、今度国勤めに変わって使番となった者の次男で、家禄は三〇〇石、

「藩では上士とされる家」だったと言います。犬飼家も、上士というよりは平士の上層でしょう。なお、一般には御使番よりも留守居役が格上で、御使番から留守居役に昇進する方が自然です。

藩の執行部は、筆頭家老が里村左内、次席家老が横山又助、ほかに中老がいたといいます。藩によっては、用人などの役職もあります。平士を統率するのは、番頭でした。

平士は、藩によっては「給人」とも称され、藩の中核部隊である馬廻を構成します。知行は一〇〇石から三〇〇石ぐらいです。

一般に、平士は組頭に統率され、戦闘の際には中核部隊となります。組頭は、「与頭」とも書きます。海坂藩では番頭（ばんがしら）の職名だったということですが、「番頭」は幕府の役職にありますので、それを避けて組頭と言うのが一般的です。

平士は、平時には、藩主の警護にあたりますが、有能な者は物頭に昇進します。海坂藩の「徒頭」もこの部類ですが、「徒頭」も幕府の役職にありますので、普通「徒頭」というような字は使わず、「歩行頭」などと言います。

物頭は、鉄砲足軽や弓足軽を統率する部隊長です。物頭からは、郡奉行、町奉行などの行政職に登用される者も出ます。留守居役なども同様です。

郡奉行は藩の直轄地を治める役、町奉行は城下町を治める役、留守居役は江戸藩邸にあって幕府や他藩との交渉にあたる役です。こうした藩の中心的な役は、平士の中でも能力のある上層の者が任じられました。

家老などの重役を務める上士は、知行高も五〇〇石以上となりますから、小姓組（平士）とは随分差がありました。こうした家柄の嫡子は、平士が務める役職には就かず、用人などを経て家老に昇進していきます。

❖二八石二人扶持という家禄

文四郎の養父牧助左衛門は、一二〇石の服部家から妻を娶（めと）っていますから、牧家も平士のはずです。それにしては牧家の二八石二人扶持はいかにも少ないと思います。

二八石二人扶持だと、どのくらいの年収になるでしょうか。二八石の知行からの年貢（ねんぐ）は、四公六民として四割の一一・二石が収入になります。知行地はなく、藩の米蔵から年貢相当分が渡されたのでしょう。換金すると金一一両ほどです。

一両は、現在の米価で換算すると一〇万円弱ですが、人件費などで換算すると二〇万円以上になりますから、年収二百数十万円ほどになります。

一人扶持は一日五合で計算しますから、二人扶持だと一日一升、これは家族の食べる飯米となります。本来は二人の家来を抱える格ということですから、文四郎の家でも通いの中間と下女ぐらいは雇っていたでしょう。

中小姓、徒士、小役人などの下級士族は、どこの藩でも一〇〇石未満の武士で、「何石」という知行ではなく、三〇俵一人扶持というように切米で表示されるのが一般的です。この切米一俵は、収入で言えば知行の一石に相当します。

上士との間で婚姻関係を結ぶことはなく、一般に生活は苦しいものでした。与之助はこの階層です。

二〇、三〇俵で武士専業の小役人は、かつかつの生活で、内職に精を出さなければ暮らしていけません。彼らは生活に追われていて、子供に学問をさせる余裕もなく、いつも底辺にありました。

文四郎の通った居駒塾は、おそらく平士クラスの者が通う塾であったと思われますが、下士にも開かれており、中で競争が行われていたと言います。

しかし、上士と下士を同じ土俵で競わせると、武士の身分秩序を揺るがすことになるので、普通はこうしたことは避けられていました。

❖郡奉行と代官

「蝉しぐれ」の海坂藩には、郡奉行（こおりぶぎょう）が三人いたと言います。二八石三人扶持の旧禄に復帰した文四郎は、郡奉行支配を命じられました。「支配」というのは配下という意味ととらえられるので、これは郡奉行の下役として働くことを示しています。

職名は「郷村出役見習い」で、三ノ丸の郡代屋敷に出仕し、郷方関係の書類を作成したり、訴訟関係の下調べをしたりします。たまには、郡奉行の樫村弥助の供で村や山の見回りに行くこともあり、「見習い」

が取れれば、領内の田畑山林を見回り、稲作の検見（作柄の調査）にも加わったと言います。

一般に、藩の農政は、郡代の下に郡奉行が数名おり、さらにその下に代官がいて年貢の徴収にあたります。本来、藩の直轄地の年貢徴収にあたるのが代官です。江戸時代初期の藩は、領地の大半は藩士の知行地となっており、藩士それぞれが家来を遣わして年貢を徴収していました。

しかし、十七世紀後半、多くの藩で、藩士の領する知行地を藩で集中管理する方式に改革し、地方（農村）を支配する官僚として郡奉行を置きました。このため、藩士は、藩庫から知行の年貢相当分の米を受け取るだけのサラリーマン的存在になったのです。もっとも、千石を超える知行を持つ家老などは、自分で領地経営を行っていました。

郡奉行は平士の上層が抜擢（ばってき）される物頭クラスの役職です。当初は現地に屋敷を構えて農政にあたりましたが、次第に城下町に住むようになり、現地には部下の代官を派遣しました。文四郎は郡奉行の下僚ですから、代官的役職を務めていたと考えていいでしょう。

ただし、海坂藩では、郡奉行のほかに領内五カ所の代官所があり、郡奉行は領内の山林の管理と河川堤防の見回りと普請、郷方の公事（くじ）訴訟の取り扱い、罪人の取り締まりなどを役目としたと言います。つまり、公共的業務と年貢徴収が別立てになっているのです。これは珍しい事例で、一般には郡奉行を統括する郡代のもとに分掌されています。

文四郎のような役は、農村社会にもっとも近く、その事情に通じて農民から慕われる者も多かったようです。文四郎の父助左衛門もそうでしたが、武士たちの多くは、支配身分としての責任感を持ち、実直に役を務めました。

藤沢氏の作品は、よく主人公をこうした地味な役に付けています。身分が低く、地味な役職にありながら、剣の実力は誰にもひけをとらず、伝授された秘剣で悪を倒す、という筋書きです。

❖藩士子女の奥奉公

藩の奥向きには、多くの奥女中が働いていました。奥女中には、多くは藩士の娘が召し出されます。夫を亡くした藩士の妻なども務めます。姫君などの家庭教師役として、京都から公家の娘が迎えられることもあります。

藩主の正室は、江戸藩邸に住みます。藩主は、参勤交代のため江戸と国元を隔年に行き来しますから、国元にも側室を置きます。正室にも側室にも、奥女中がつきます。

奥女中のうち老女（奥女中の最高位）は家柄の高い藩士の娘ですが、一般の奥女中には低い身分の者も召し出されました。文四郎の幼なじみであるお福が、奥女中として江戸に旅立ったのはこうした一例でしょう。

もし藩主の手が付いた場合は、上級藩士の養女となり、格式を調えます。また、そうした場合は、実家の父や兄弟が取り立てられます。

文四郎の淡い恋の相手であるお福の実家小柳家は、二〇石以下の軽輩である普請組でしたが、お福が藩主の側室になったことによって、八〇〇石の御蔵方勤めに家格があがったとされています。

実際には格式を調えるだけで、実務的な役職につけられることは少ないのですが、中には兄弟が重要な役職を任されて権勢をふるうこともありました。

もっともお福の生んだ子は闇（やみ）に葬（ほうむ）られ、お福自身にも危険が迫ったというのですから、それほどの出世が望めなかったのも当然でしょう。

奥の世界は恐ろしい世界で、そこで生まれた子が、藩主の子であるにもかかわらず、危険にさらされることもあったようです。江戸時代には毒薬が出回っており、不思議な死に方をする者もいます。藩主であっても例外ではなく、若くして突然死んだ藩主や嫡子がいます。そうした場合、毒殺の噂（うわさ）が出ることもままありました。

以上のように、藤沢氏は、さまざまな文献を参照し、時には史料も読みながら、独自の藩世界を描き出していきました。小説の時代考証としてはかなりの達成度を示しています。

（初出：『「蟬しぐれ」と藤沢周平の世界』文藝春秋）

第十講　研究者以外にも人気のある信長研究

1　織田信長と「三職推任（さんしょくすいにん）」

❖「三職推任」問題

織田信長は、日本史上で最も人気のある人物の一人です。戦国の世に生まれ、尾張の一大名から全国統一事業を推進し、ほぼ統一を目前としていた天正十年（一五八二）六月二日未明、京都・本能寺で家臣明智光秀の謀反（むほん）によって横死します。

この本能寺の変の直前、朝廷からの使者が安土に遣わされ、信長に

「太政大臣か関白か将軍か」のいずれかの官位に任命する用意があると告げます。信長は、強敵と思われていた甲斐の武田勝頼を滅ぼしていたので、朝廷もほぼ天下統一はなったと考え、信長にこうした待遇を持ちかけたのだと考えられてきました。

しかし、ある論文をきっかけに、この「三職推任」問題は、ホットな論争のテーマとなりました。その論文を書いたのは、朝日カルチャーセンターで古文書講座を受講し、その後、一橋大学大学院の池享ゼミなどに参加して学んだ立花京子氏でした。

ここでは、テーマを選ぶアプローチの一つとして「三職推任」論争を取り上げてみましょう。

❖『日々記(にちにちき)』の発見

朝廷が信長に、「太政大臣か関白か将軍か」の官職を内示したことを明らかにしたのは、東京大学史料編纂所(へんさんじょ)に勤め、豊臣時代の史料を集成する『大日本史料　第十一編』の編纂にあたっていた岩澤愿彦(よしひこ)氏でした。

岩澤氏は、国立公文書館に所蔵されている『日々記』という記主不明の日記を紹介し、これに本能寺の変前後の貴重な記録が含まれることを述べ、その記主が大納言勧修寺晴豊(だいなごんかじゅうじはれとよ)であることを実証したのです。昭和四十三年（一九六八）のことです。

記主不明の記録を発見し、読みにくい文字を解読し、その記主を確定する、という作業は、大学に職を持つ専門の研究者でも困難なことで、史料編纂を主たる業務とする岩澤氏の卓越したスキルがあって初めてなされたことでした。

まずは、岩澤氏の論文（「本能寺の変拾遺――『日々記』所収天正十年夏記について――」『歴史地理』第九十一巻第四号、一九六八年）の概要を紹介しましょう。

岩澤氏は、『日々記』の本能寺の変前日（六月一日）と当日（二日）の記事を紹介し、当日は信長の宿泊していた本能寺を明智光秀の軍勢が焼き討ちにしたこと、信長の長男信忠が籠もった二条新御所も取り巻かれていたこと、二条新御所にいた誠仁親王が退避したこと、夕方二条新御所を見物したところ「くひしにんかすかぎりなし（首・死人数限りなし）」という情況であったこと、などが書かれており、まさに当事者でなければ書けない臨場感あふれる記事である、と指摘しました。

そして岩澤氏は、本能寺の変直前の朝廷と信長との交渉について、次のように解説しています。

　すなわち、本記によると、信長を「太政大臣か、関白か、将軍か」に推挙するために女官を下向させることに決定した朝廷では（二十五日条）、京都所司代村井貞勝と相談の上、上臈（じょうろう）佐五の局と大御乳人（おおおちのひと）阿茶の方とに、本記の筆者を副（そ）え、安土に下向させることに定めた（二十六・二十七日条）。そして、五月一日、誠仁親王臨御（りんぎょ）の上、禁裡（きんり）で発遣の宴があり、同三日に、天皇から宸翰（しんかん）

（天皇の手紙）と御服、誠仁親王から御消息と懸香（におい袋）とを託された使者等は、京都を出発し、翌日安土に到着した。道中の賄は、御倉の立入宗継が担当し、村井貞勝からは人足が呈供されている（以上五月一日・三日・四日条）。

信長はこの勅使の使命を尋ねるため、小姓の森蘭を派遣したが、筆者はこれに対して、「関東打はたされ珍重候間、将軍になさるべきよし」の使であると答えた（四日条）。朝廷の真意が信長を征夷大将軍に任じようとするところにあったことは、これによって明瞭である。

岩澤氏は、傍証として、次の誠仁親王の消息（畠山史料館所蔵文書）も一部引用しています。

天下弥静謐に申付られ候奇特、日を経てハ猶際限なき朝家の御満足、古今無比類事候へハ、いか様の官にも任せられ、無油断馳走申され候ハん事肝要候、

〔現代語訳〕天下をついに静謐に治めたすばらしい成果、将来に至るまで際限もないと朝廷が御満足されていることである。古今比類のない事なので、どのような官職にでも任じられ、油断なく馳走されることが大切です。

これは、まさに『日々記』の記事に符合する文書で、岩澤氏の推論

を補強するものです。岩澤氏は、信長が安土では返答を保留したが、六月一日の上洛にはその奉答の用意が秘められていたであろうと推測し、信長による中央政権樹立を目前にしたこの時点でその功業を一挙に挫折させた本能寺の変の意味の深刻さを指摘しました。

そして、本記の記主の推定に移り、勧修寺晴豊の『晴豊公記』との対照によって、『日々記』が『晴豊公記』の脱漏部分に当たることを確定したのです。

❖推任を求めたのは信長か

岩澤氏の論文があまりにあざやかなものだったので、研究者の間では、この論文が引用されることはあっても、批判的な検討がなされることはほとんどありませんでした。わずかに、同じ史料編纂所に勤める橋本政宣氏が、朝廷の真意が太政大臣にあったと推測したぐらいでしょうか（「織田信長と朝廷」『日本歴史』四〇五号、一九八二年）。

ところが、一九九一年、当時無名の研究者だった立花京子氏が、この岩澤氏の論文の主旨を逆転させる論文（「信長への三職推任について」）を、『歴史評論』四九七号誌上に発表したのです。

この論文の主要な論点は、『日々記』天正十年四月二十五日条の記事についての解釈でした。

村井所（ところ）へ参候、安土へ女はうしゅ御くた（だ）し候て太政大臣か関白か
将軍か御すいにん候て可然候（しかるべくそうろう）よし被申候（もうされそうろう）、その由（よし）申入候

立花氏は、この文章の中の「被申候」という部分を、村井が申され た、と解釈し、三職推任（推薦して任じること）は朝廷の方から持ち かけたのではなく、村井、すなわちその主君である信長が要求したも のだ、と主張したのです。

立花氏は、もし三職推任を正親町（おおぎまち）天皇が持ちかけたのだとしたら「被仰候（おおせられそうろう）」となるはずだとし、『日々記』の「被申」という用法を検討して、村井の場合に使われているとしました。こうした作業を経た上での主張だったため、この論文はレフリー制をとる学術雑誌である『歴史評論』の掲載するところとなり、その後の研究に大きな波紋を及ぼすことになったのです。

❖推任主体をめぐる論争

その頃、「天皇史」を標榜して、戦国時代から江戸時代にかけての天皇権威の上昇を論じていた横浜市立大学教授（当時）今谷明氏は、立花氏の論文を高く評価し、朝廷と天皇の対立を論ずる自説を補強する実証的な根拠としました。

これに対し、共立女子大学専任講師だった堀新氏（現在、教授）は、村井ではない可能性があることを指摘しました。

堀氏によれば、『日々記』を含む『晴豊公記』では、村井の行動に対して常に「被」という敬語表現があるわけではなく、「被」がないほうが解釈しやすい箇所すらあり、もし「被」がなければ推任の主語は晴豊になるから朝廷が推任主体となるとし、「「被申候」の解釈のみをもって、推任主体を織田権力と断定するのはやや早計であろう」としました（「織田権力論の再検討」『共立女子大学文芸学部紀要』四四号、一九九八年）。

堀氏の批判は、「被」がなければということですから不徹底なものでしたが、信長が朝廷の三職推任に対していずれにも任官の意思がなかった、という見通しはすぐれたものだったと思います。

❖信長に官位を与えたかったのは朝廷

このほか、多くの研究者がこの論争に関与しましたが、それは谷口克広氏の『検証本能寺の変』（吉川弘文館、二〇〇七年）に譲り、この論点に実質的な決着をつけたと思われる岩澤愿彦氏の論文（「「三職推任」覚書」『織豊期研究』第四号、二〇〇二年）を紹介しましょう。

岩澤氏は、立花氏の説に対し、四月二十五日の記事には朝廷の提案か村井の要請かを限定する文言がないので両様の解釈が併立するとしながら、「どちらの解釈に従うかは関連する史料の解釈の仕方および織田信長の朝廷に対する態度についての理解の仕方など研究上の立場の相違に帰着する」として、織田政権と朝廷の関係について自説を明らかにしていきます。

岩澤氏は、まず天正九年（一五八一）二月二十八日の信長の馬揃え（うまぞろえ）の行事の九日後の三月七日、天皇が誠仁親王に、信長を左大臣に推挙することについて意見を伝え、九日には左大臣推挙の勅使が派遣されたことに注目します。信長は、この叡慮（天皇の考え）に対し、天皇の譲位、つまり誠仁親王即位の新体制の下で受諾する意向を明言しました。つまり、信長の官位推挙に積極的であったのは、天皇だったとするのです。

こうした前提のもとで、四月二十五日の記事の検討に移ります。天正十年三月二十二日、武田勝頼父子らの首級が京都にさらされ、武田氏滅亡が確認されます。三職推任の意思が命じられるのは四月二十五日ですから、三十三日もかかっています。

しかし、これには事情がありました。これより先、朝廷は、三月十六日に、陣中見舞いの勅使として万里小路充房を遣わすことを決定していました。彼が出発したのは、ちょうど勝頼らの首級がさらされた二十二日でした。

万里小路は任務を果たし、四月十六日に京都に着きました。十八日には朝廷から村井に懸香三十袋が下賜（かし）されています。

四月二十二日には、勧修寺晴豊が、凱旋（がいせん）祝賀の勅使として安土に遣わされました。そして任務を果たした晴豊が、祝賀使派遣の実質的な主体だった誠仁親王にこれを報告したのが二十四日です。

三職推任の件が表明された二十五日は、晴豊の復命を受けた翌日でした。朝廷では、すでに信長にどのような官職でも与えよう、と考えており、甲州平定に関わる諸行事を終えるとすぐに、三職推任に向けて動いた、と言えます。

こうした事情を考慮した上で岩澤氏は、晴豊が三職推任ということを村井に伝えた時、「被申候」と伝えたのは、それが天皇の仰せではなく、誠仁親王の言葉だったからだ、と推測するのです。

❖『日々記』の正しい解釈

この議論をふまえて、先の文章を現代語訳すれば、次のようになります。

村井の所へ参りました。（誠仁親王が）「安土へ女房衆を御下向させて、太政大臣か関白か将軍かに御推任するのがよい」と申されたことを（私が村井に）申し入れました。

この解釈は、無理なところがまったくなく、しかもなぜ朝廷から持ちかけているのに「被仰候」ではなく「被申候」なのかという点も、解決しています。

このように、一つの文章の訳を確定させるためには、多くの類例調査も必要ですが、それ以上に歴史的背景についてのしっかりとした見方があることが必要なのです。

信長は、安土に下向してきた晴豊らの勅使の真意が「関東打はたされ珍重候間、将軍になさるべき」旨（むね）を伝達する勅使であることを聞き、次のように答えます。

上らう御局（おつぼね）へ御目か（が）り可申（もうすべく）ふ（ぶ）んなか（が）ら、御返事申入候ハて（で）御目か

り中候儀、いか〻(が)にて御座候間、余に心え可申由、

この信長の言葉は、「上臈御局へ御目にかかり申すべきところですが、御返事を申し入れないで御目にかかり申すことはどうかと思われるので、私（晴豊）に事情を了解せよ、ということ（でした）」と訳すことができます。つまり信長は、返事を保留したのです。

岩澤氏は、この経過から、「信長を廷臣の上首あるいは将軍に位置づけ、その力によって朝廷の地位を安定させようとする願望は、いわば朝廷の独り相撲であって、官職の推任は信長側の要請するところではないと解釈するのが自然であろう」としています。

天正九年の信長への左大臣推任のことを考えても、納得できる結論

です。これについてはまだ異論のある研究者がいるようですが、問題はほぼ解決されたと思います。

このように「被申」というわずか二字の解釈の相違から、多くの研究者を巻き込む論争が起こることもあるのです。

こうした諸学説が入り乱れているテーマは、一般の方にも興味深い問題であることが多いと思います。その論争を、中心となる史料を自分なりに解釈することによって解決できれば、これほど嬉しいことはないでしょう。ただ、その場合、自分はこう思う、ということではなく、史料解釈の類例を探したり、その背景を検討することによって、自説を論証していくことが必要です。

2　信長研究の基本史料「信長公記」

❖一口に「信長公記」といっても

信長研究の基本史料は、信長に仕えた太田牛一（おおたぎゅういち）という家臣が書いた伝記「信長公記」です。研究者は、「しんちょうこうき」と呼んでいます。

近年、小説家の加藤廣（ひろし）氏が、ベストセラーとなった『信長の棺（ひつぎ）』（日本経済新聞社、二〇〇五年）で主人公としたのが太田牛一です。

私は、加藤氏と対談する機会があった時（特別対談「「豊かさ」の歴史学」『豊かさの探求』新潮文庫、二〇〇七年）、「太田牛一を主人公にするというのが、非常に新しくて面白かった」と述べたところ、加藤氏は、「太田牛一を主人公にするということを思いついた時点で『勝った』と思いました」とおっしゃっていました。

「信長公記」は、現在では、奥野高廣氏と岩澤愿彦氏が校注した角川文庫版の『信長公記』（これは刊行された書名なので二重カギで表記します）が最も信頼できるテキストです。そのほか、新人物往来社でも、桑田忠親（ただちか）氏の校注で『信長公記』（史料叢書（そうしょ））が出ています。

ただし、一口に「信長公記」と言っても、自筆原本を始めとしてたくさんの写本があります。角川文庫版『信長公記』は、自筆本ではなく、写本の一つです。

それでは、角川文庫版は、どのような「信長公記」なのでしょうか。

それは、本の「解説」に書かれているように、陽明文庫にある写本（陽明文庫本と言います）です。陽明文庫は、五摂家筆頭の近衛家の蔵書を伝える文庫で、京都の福王子近くにあります。

陽明文庫本は、江戸時代中期以降に書写されたものと推定され、信長上洛以前の記（「首巻」と通称されています）一冊と本記一五冊の計一六冊からなるほぼ完全な形をとるものです。「首巻」が加えられている一六冊本の「信長公記」は、陽明文庫本のほかは町田本、旧南葵文庫本（九冊のみ現存、南葵文庫はもと紀州徳川家の蔵書）の三本しか伝えられていません。

町田本は、博物館（のちの帝室博物館、現在は東京国立博物館）初代館長を務めた町田久成が収集した史料で、現在は所在不明です。しかし幸いなことに、明治十四年（一八八一）に「我自刊我書（がじかんがしょ）」という叢書から活字として刊行され、明治三十四年には『改訂史籍集覧』（近藤瓶城編、現在、臨川書店から復刻版が刊行）に収められたので、今でも利用することができます。

桑田氏が校注した『信長公記』は、この町田本を書き下しにしたものです。

❖活字本は読み下し文

実は、角川文庫版『信長公記』も、写本の原文そのままではなく、書き下しにしたものです。「信長公記」は漢文で書かれていますから、なかなかそのままでは一般の人が読むことができません。そのため、漢字を一部平仮名に直し、詳細な注を付け、書き下し文にしているのです。

角川文庫版の「はしがき」には、次のように書かれています。

「この処置は原本に対してまことに忍びないことであった。しかしこのすぐれた史書を、一人でも多くの一般読者に提供するために、極力解読の便宜を考慮してほしいという角川書店の編集部の意向も、またもっともと考えられるので、便宜この処置に踏み切ったわけである。」

歴史の専門家として、この気持ちはよくわかります。わざわざ書き下し文に直すより、できるだけ原本の形に近づけた活字本を出したい、というのが研究者一般の考え方です。しかし、それでは専門家しか読めません。

多くの読者に迎えられる本にすることも大切なことです。出版社の営業上の問題だけでなく、本当の歴史を広めることも歴史研究者の役割の一つだと思われるからです。

この本は、奥野高廣氏と岩澤愿彦氏という信長研究に定評のあるすぐれた二人が書き下し文にしたものですから、信頼性もあり、校注も含めていろいろと教えられる学界の財産となっています。

❖仮名に改めた漢字

角川文庫本で仮名に改めた漢字は、以下のようなものです。

被（られ）・令（しめ）・可（べし）・也（なり）・之（の・こ

れ）・不（ず）・非（あらず）・無（なし）・有（あり）・在（あり）・斗（ばかり）・乍（ながら）・而（て）・者（は・もの）・於（に・おいて）・為（して・ため・たり）・雖（いへども）・若（もし）・就（ついて）・如（ごとく・ごとし）・度（たし）・従（より）・自（より）・如此（かくのごとく）・罷成（まかりなり）

たとえば、「被」だと、原本で「被仰」は「仰せられ」、「被仰付」は「仰せ付けられ」、「被成」は「なされ」、「被定」は「定められ」などとなります。「被」は受け身を示す助字なので、当時の文章には頻出します。漢文のように返って読む助字を理解することが、原本を読む第一段階です。

「令」「可」「不」「非」なども、同じように返って読む字です。すべてほかの字と組み合わせて出てきます。

「令得其意」＝その意を得しめ
「可申」＝もうすべく、「可存」＝存ずべく、「可然之由」＝然るべきのよし
「不可然」＝しかるべからず、「不及是非」＝是非に及ばず
「無之」＝これなく

また、あまり意味はないのですが、漢文に使われるので頻出する「之」も重要です。この字は、そのまま「の」とも読みますが、漢文

で習ったように「これ」とも読みます。「これ」と読む場合は、「有」「在」の後につけて「有之」「在之」というような形で出てきます。これは、どちらも「これあり」です。

こうした特殊な字は、それほど多くはありません。覚えてしまえば、原文を自分で読めるようになりますので、是非、文章の中で覚えてください。

❖「信長公記」と「信長記」

私は、これまで「信長公記」と呼んできましたが、これは活字になった我自刊我書本、陽明文庫本とともに、本編十五冊に首巻を加えた十六巻本の外題（げだい）（書物の表紙に付された題名）が「信長公記」だったからです。

実は、同じ牛一の著作でありながら、「信長記」という外題が付いている写本もたくさんあります。そのため、首巻のないものを「信長記」と呼ぶ研究者もいます。

また、牛一の「信長記」は写本で伝えられており、江戸時代に流布(るふ)した木版本は牛一の「信長記」をもとに小瀬甫庵(おぜほあん)がリライトした「信長記」だったため、それと区別する意味もあったでしょう。現在では、小瀬甫庵の「信長記」は「甫庵信長記」と呼ばれています。甫庵は、秀吉の伝記である「太閤記(たいこうき)」も書いています。これらは、潤色の多い書物で、あまり歴史研究者は利用しません。

この時代を研究する上で根幹となる史料集『大日本史料　第十編』

を見ると、『原本信長記』という史料が、一番信頼できる史料として引用されています。「原本」という名がついていますが、原本そのものではなく、原本に一番近い写本という意味で使われています。

「原本信長記」は、もと紅葉山文庫（江戸幕府の図書館）に収められていたもので、現在は国立公文書館内閣文庫の所蔵です。その奥書には、「太田和泉守牛一自筆の正本をもって一字を違えず書写せしむ」とあります。牛一の自筆本からの写しだというのです。信頼できると考えるのも当然です。

それでは、牛一の自筆本はもう存在しないのでしょうか。

そんなことはありません。牛一の自筆本は、複数存在しています。

岡山藩池田家が伝えた『信長記』と、信長を顕彰するために明治に建立(りゅう)された京都・建勲(たけいさお)神社の『信長記』です。『大日本史料　第十編』を編纂し始めた頃は、これらの自筆本は知られていなかったため、原本に最も近い「原本信長記」が一番信頼できる「信長記」として採用されることになったのです。

❖「信長公記」の自筆本

自筆本が発見されたのだから、それが一番信頼できると思うのが普通です。当然のことながら、これらの本が発見された時は、ずいぶん話題になりました。

しかし、話はそう簡単にはいきません。自筆本には、自筆本なりの問題があったのです。

牛一は、自分の著作である信長記を、求められて貴人の前で朗読していました。半分は記憶し、そらで読むこともできたようです。

中には、牛一に、その書物そのものを求めることもありました。岡山藩主池田輝政もその一人でした。

牛一は、清書した巻十三を輝政に献呈しました。輝政の父である恒(つね)興(おき)らの活躍が書かれている巻です。その奥書は、老齢の牛一が自ら書いたもので、日記のついでに書き記したものが次第に集まったものであること、自分が創作したものではなく、直接見聞したことは除かず、なかったことを付け加えたりはしていないこと、などを書いています。

こうした長い奥書があるのは、この巻と巻十二だけです。

牛一は、のち巻一も新たに清書し、手元にあったほかの巻の清書本もあわせて献呈したと推定されています。これが池田家に残った自筆本です。

ただし、巻十二だけは他の巻と筆跡や体裁が異なっていて、池田家側の補写であるとされていましたが、現在では最初から池田家に献呈されたものと考えられています。ここでは、このような巻ごとの細かい考証の紹介は省略し、何が問題かを示しましょう。牛一は、献呈先の池田家のために、自分の本を書き変えているのです。

たとえば、巻十五の武田勝頼滅亡後の諏訪着陣諸将の交名（きょうみょう）に、もともと名前がなかった池田幸新（輝政のこと）を書き加え、巻十三では兄の元助と自分（幸新）が摂津鼻熊城下で荒木村重と合戦した記述に、もともとは「兄弟之高名無比類（ひるいなき）働也」で終わっていたのに続け

「忝も被成御感状、後代之面目也」という文章を補っています。

これらは、輝政の要望で特に書き加えたものでしょう。感状をもらったことは事実でしょうから嘘を書いているわけではありませんが、もともとの本とは違います。

こうなると、牛一の自筆本だからといって、一番いい史料だとは限らなくなります。むしろ、もとの形を残す牛一の原稿、あるいはその原稿の段階で書写された古い写本の記述のほうが重要な意味を持つ可能性があります。

❖古体を残す『信長記』

このような自筆本の問題から、「信長記」研究は、現在残されている「信長記」がどの時点の「信長記」を写したのか、ということが重要な論点になりました。

まず、古い形を示す重要なポイントが、信長を「上様」と記しているかどうか、です。信長を「上様」と書くのは、信長の生前か死後間もない時期で、牛一が信長に対して強い畏敬(いけい)の念を持っていたからだと推測されています。新しい「信長記」は、「信長公」などと書くようになります。

また、家康に「公」や「卿(きょう)」の敬称が付けられていないことも重要です。江戸時代に入ると家康が神格化されていきますから、こうした敬称が付けられるようになるのですが、より早い段階で書いた原稿は、当然、「家康」と呼び捨てで書くからです。

これらを前提として、いくつかの記述を対照してみれば、次第に写本の前後関係が見えてきます。

何人かの研究者による地道な作業を経て、現在では、尊経閣文庫（財団法人前田育徳会）の『安土日記』（天正六・七年の残闕本）が古い段階での写本だとされています。尊経閣文庫は、加賀百万石の大名前田家の蔵書を受け継ぐ史料保存機関です。

また同じく尊経閣文庫の『信長記』一五冊本（以下、尊経閣一五冊本と略す）は、他の「信長記」にない記述を含む非常にユニークな史料です。他の「信長記」にない記述があるということは、普通、後に増補されたものと理解されますが、その部分は信長の身辺近くにいたからこそ書ける記事が多く、他の人の求めに応じて増補したものとは性格が違います。

東京大学史料編纂所助教の金子拓（ひらく）氏（現在、准教授）は、増補したのではなく元の原稿にあった記述で、後に献呈する自筆本では削除した部分なのではないか、と推測しました。つまり、尊経閣一五冊本は、牛一の手元に残された原稿本ではないか、というのです（『織田信長という歴史―『信長記』の彼方へ』勉誠出版、二〇〇九年）。

牛一の子孫は、加賀藩前田家に召し抱えられますので、これはありそうな話です。まだ学界の中で決着が付いていませんが、たいへん興味深い説です。

それでは、尊経閣一五冊本にはどのような重要な記述が残されているでしょうか。一つ例をあげると、家康が長男信康を自害に追い詰めた信康事件の記述です。この事件は、次のように記されています。

去程(さるほど)に三州(さんしゅう)（三河国）岡崎ハ家康之嫡子(ちゃくし)三郎殿ニ而、信長公之聟殿也、不慮に狂乱候に付而、遠州堀江之城に押籠(おしこめ)、番を居置被申候、依之岡崎殿ヲ信長公へ送帰シまいらせられ候

傍線部が、尊経閣一五冊本にしかない記述です。この記事によって、信康の正室であった信長の娘五徳（岡崎殿）が、実家に戻されたことがわかります。

ただ、逆にこの記事は、「上様」ではなく「信長公」と書かれ、信康が「不慮に狂乱候に付而」とあるように家康に配慮した記述になっ

ています。さらに古い形だと評価が定着している尊経閣文庫本の『安土日記』のほうには、次のように記述されています。

去程に、三州岡崎三郎殿逆心之雑説申候、家康并(ならびに)年寄衆 上様へ対申無勿躰(たいしもうしもったいなき)御心持不可然之旨(しかるべからざるのむね)意見候て、八月四日ニ三郎殿を国端(くにばた)へ追出し申候、

信康に逆心（信長への謀反）の噂(うわさ)があったこと、家康とその老臣たちがそれを咎(とが)め、信康を国境へ追い出したことが書かれています。こうした記述は、江戸時代になるとなかなか公(おおやけ)にはできません。「信長公記」には、信康の記述はすべて削除されています。

作者不明ですが、「信長記」と同様、高い史料的価値を認められている『当代記』では、『安土日記』同様の記述がされていますから、もともとの「信長記」には信康の逆心ということが書かれていたに違いありません。

これに対し、尊経閣一五冊本は、「不慮に狂乱候」と少し曖昧な記述に直しています。家康に遠慮して、徐々に記述が変化し、最後はまったく削除したわけです。

❖信長文書と公家の記録

このように、歴史研究者が「信長公記」を史料として利用するためには、これほどの作業が必要なのです。これらの論点は、金子拓氏の先に紹介した著書に詳しくまとめられています。興味のある方は、ぜひ参照してみてください。

もちろんこれは、それだけ「信長公記」に史料的価値が認められているからにほかなりません。逆に言えば、これだけの検討を経て信長研究の第一級の基礎史料として認められている「信長公記」ですから、一般の方は安心して「信長公記」を読み込んでいただければと思います。

ただし、信長研究は、「信長公記」を基本史料とするとしても、当然、信長が発給した文書や信長宛(あて)の文書、その他、信長に関わる多くの文書と照らし合わせる必要があることは言うまでもありません。

信長の発給文書とその関連史料については、奥野高廣氏が、信長文書の集大成である『織田信長文書の研究』上・下（吉川弘文館、一九七一年。増訂版、一九八八年）を刊行されています。これによって研究者は、信長研究に格段の便宜を得ることができるようになりました。

これに加え、この時期の文書は、各自治体の県史、市史などで活字になっていることが多いので、これらも合わせて収集すれば、信長関係の文書の多くは書斎で読むことができます。

また、当時の公家の日記も信長研究の基本史料です。信長関係の記事を多く含むのは山科言継（やましなときつぐ）の『言継卿記』、吉田兼見（かねみ）の『兼見卿記』、先にもあげた『晴豊公記』などです。これらも活字になっているものが多いので、比較的簡単に読むことができます。

さらに、研究機関に所属せず長年信長研究を進めている谷口克広氏によって、『織田信長家臣人名辞典』（吉川弘文館、一九九五年、第2版、二〇一〇年）も出版されていますから、人名を調べるのも容易になりました。信長研究は、史料の校訂や辞典類が比較的完備した格好のテーマなのです。

おわりに

ここまで読んでいただいて、ありがとうございました。本書は、体系的に歴史学を論じたものではありませんが、歴史を学ぼうとする人に必要な知識がかなり得られたと思います。

歴史研究とは、現在刊行されている多くの歴史書をつきあわせて自分の意見を打ち出すことではありません。歴史書を参考にしながら、自分で当時の史料を読み、歴史の真実を探求することです。

大学の史学科に進学した学生が一番とまどうのは、この点です。それまで歴史が好きで、歴史書や歴史雑誌を読んできて、さらに深く歴史を教えてもらえると思っていたところ、いきなり難しい史料を読まされ、そこから何かを明らかにしていかなければならないからです。

しかし、史料と格闘する中でしかつかめない歴史があります。本書は、その手引き書となると思います。

生涯学習の場でも歴史は人気です。筆者は、大学や大学院での講義のほか、いくつかの自治体の歴史講座や朝日カルチャーセンター、早稲田大学エクステンションセンターなどで、江戸時代を中心に教えています。中には二百人近くの方が受講を希望する講座もあります。比較的高齢の方が多いのですが、その熱心さは学生以上です。

講義では、その時代がよくわかる一級史料を素材に、内容を解説しながらその時代の様子を再現することに努めています。時には、史料の分析方法まで話すこともあります。最初は、歴史を詳しく知りたいと思って受講するようですが、史料に残された歴史の細部を知るにつれて、自分でも史料が読みたくなるようです。

本書は、史学科の学生だけでなく、歴史を学びたい人すべてを対象として書きました。姉妹編としては、現在の歴史研究者がどのような作業をしているかについて書いた『日本史の一級史料』（光文社新書、二〇〇六年）という本があります。

また、実際に史料に基づいた入門書として『天下人の一級史料――秀吉文書の真実』（柏書房、二〇〇九年）という本も出しています。

これは、刀狩令など有名な史料の原本写真を掲載し、丁寧に読んでいくことで秀吉や豊臣政権にどのような新しい歴史像が描けるか、ということを示したものです。

これらは、一般読者を対象としてわかりやすく書いたつもりですが、論文にして学会に発表すべき内容を含んでいます。これらの本を手がかりに、歴史学の世界に足を踏み入れていただくことを期待しています。

本書は、私の故郷である津山市の市政アドバイザー仲間で東京堂出版CEOとなった皆木和義氏と同社編集長堀川隆氏を交えた楽しい会話の中で企画が生まれ、出版にこぎつけたものです。両氏の御協力に深く感謝いたします。

二〇二一年七月七日

山本博文

文庫版へのあとがき

本書の「日曜日の歴史学」という書名は、「おわりに」で紹介した堀川隆氏がつけたものです。堀川氏は、皆木和義氏を介して会う前から、筆者にこういう書名で本を出してほしいと思っていたということでした。

確かに、仕事として歴史に向き合う我々でなくても、歴史に興味を持ち、深く研究したいという人はたくさんいます。そうした人のために参考になればと思い、江戸時代について書いたさまざまな文章を、改訂して一書にまとめたのが本書です。東京堂出版で刊行した時は、出典を入れなかったのですが、この文庫版では、ほぼもとのままのものについては、それぞれの文章の末尾に初出を入れました。

幸い本書は、NHK・BSプレミアムの『週刊ブックレビュー』という番組で小説家の山本一力氏が「目からうろこが何枚も落ちました」と好意的に紹介してくれたこともあって、よく売れました。この本は、これまでの研究で筆者が抱くようになった江戸時代のイメージをそのまま書いたものです。

同じようなコンセプトで書いた本として、『日本史の一級史料』(光文社新書)と『天下人の一級史料』(柏書房)があります。このうち、後者では、織田信長・豊臣秀吉・徳川家康の文書を取り上げ、史料の解釈や分析のしかたを書きました。また、本書の続編として、『続日曜日の歴史学』（東京堂出版）という本を書いています。本書のように、歴史的な知識を得るために読む本のほかに、歴史家が史料をどのように分析していくかのサンプルとして読んでいただければ幸いです。

二〇一五年八月

山本博文

本書は、株式会社新潮社のご厚意により、新潮文庫『日曜日の歴史学』を底本としました。但し、頁数の都合により、上巻・下巻の二分冊といたしました。

山本博文（Yamamoto Hirofumi）

1957(昭和32)年、岡山県生れ。東京大学文学部を卒業後、同大学院を経て、'82年に東京大学史料編纂所へ入所し、2001(平成13)年より教授を務める。'10年より東京大学大学院情報学環教授を兼任。文学博士。『江戸お留守居役の日記』で、日本エッセイスト・クラブ賞を受賞。『江戸城の宮廷政治』『島津義弘の賭け』『切腹』『徳川将軍と天皇』『武士と世間』『日本史の一級史料』『お殿様たちの出世』『現代語訳 武士道』など、著書多数。2020(令和２)年３月29日逝去。

日曜日の歴史学　下
（大活字本シリーズ）

2022年11月20日発行（限定部数700部）

底　本　新潮文庫『日曜日の歴史学』

定　価　（本体 2,800円＋税）

著　者　山本　博文

発行者　並木　則康

発行所　社会福祉法人 埼玉福祉会

埼玉県新座市堀ノ内 3—7—31　〒352—0023

電話　048—481—2181

振替　00160—3—24404

印刷製本所　社会福祉法人 埼玉福祉会 印刷事業部

ISBN 978-4-86596-551-3